AF281458

ESPACIOS PARA EL DESEO

José A. Montecino

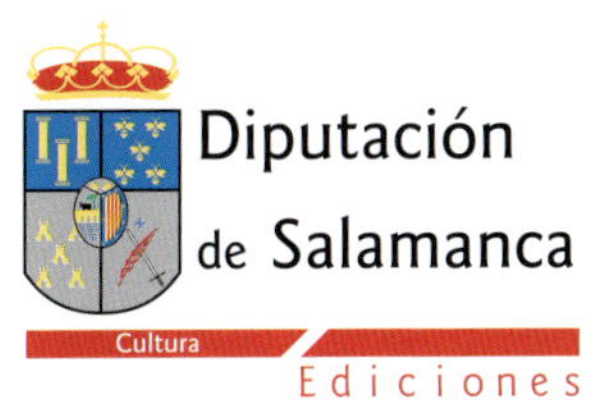

Diputación de Salamanca

Cultura

Ediciones

EDICIONES DE LA DIPUTACIÓN DE SALAMANCA
Serie catálogos, n.º 283

1.ª edición: julio, 2025

© Diputación de Salamanca

Montaje: Hermanos Feltrero

ediciones@lasalina.es
www.lasalina.es/cultura

ISBN: 978-84-7797-781-0
Depósito Legal: S 241-2025

MAQUETACIÓN:
Intergraf

IMPRESIÓN:
Imprenta Kadmos

Las obras que integran esta exposición ESPACIOS PARA EL DESEO de José A. Montecino, conforman una propuesta pictórica que, con una concepción minimalista, defiende la fusión de los diferentes elementos tanto los que resultan evidentes como aquellos que solamente se insinúan, traduciéndose en una obra que quede definida sobre todo por la sobriedad, la armonía y el equilibrio del conjunto.

Pintor apasionado por la abstracción geométrica y los materiales que utiliza, acrílico sobre tabla, le sirven para dar vida a sus obras.

No es de extrañar que el artista tenga que reiterar que nos encontramos ante pintura y no frente a cualquier otra técnica, ya que la textura generada por el entramado central, da paso a un espacio definido que, lejos de ser un elemento accesorio pretende adquirir el protagonismo para llevar al espectador no sólo a contemplar sino a imaginar, y casi a desenredar ese entramado que se nos ofrece.

En sus obras evoca emociones introspectivas y propone espacios sugeridos que cada espectador debe explorar y contemplar con sus propias sensaciones.

David Mingo Pérez
Diputado de Cultura

Espacios para el deseo

Aspirar con vehemencia al conocimiento, posesión o disfrute de algo, eso es el deseo. El deseo es una pulsión que invita a ir más allá, una apetencia inquisitiva e irrefrenable. Desear es inherente al arte, tanto por ser parte de la acción creativa, como en la mirada del receptor. Es, por lo tanto, responsabilidad de los artistas despertar este deseo.

«Espacios para el deseo», de José A. Montecino, ahonda sobre este asunto desplegando en sus obras mecanismos sugestivos que desde un primer momento interpelan a los sentidos del observador, quien rápidamente cuestiona su dimensionalidad o materialidad. Sus piezas se presentan como un encantador *trompe-l'oeil* en el que se extienden entramados de formas geométricas y planos superpuestos que, a modo de celosías, custodian un fondo velado, ensombrecido, un espacio en el que algo palpita o quizás se insinúa. Si bien la maestría técnica es patente y carga a la obra de un atractivo obvio, son estos espacios oscuros y el contraste de colores, los que atrapan, el deseo despierta en nuestro interior debatiéndose con la imposibilidad física de alcanzar el objeto deseado, de satisfacer el impulso curioso. Es en este momento cuando surge la magia –un nuevo giro de tuerca–, nuestra imaginación se aviva y un mundo de posibilidades, respuestas y nuevas preguntas aparece ante nosotros.

Izaskun Monfort
Historiadora y crítica de arte

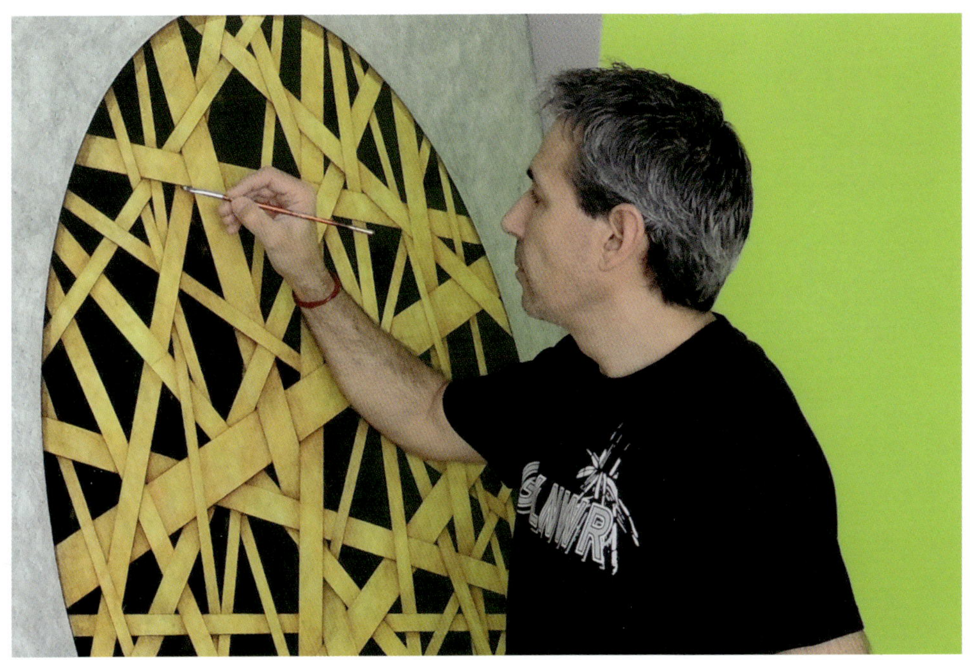

A la hora de contemplar una obra, cualquier explicación previa por parte del autor en ocasiones puede resultar más inconveniente que necesaria. En mi opinión, es el cuadro el que debe establecer un diálogo distinto con cada espectador, invitándolo a recorrer ese escenario plástico con una mirada introspectiva y libre de condicionantes, que le permita conjugar el juicio espontáneo con las sensaciones que pueda acabar despertando en él. En el fondo, no se trata tanto de buscar como de dejarse encontrar.

Estos Espacios para el deseo pretenden ser solo territorios, apenas sugeridos, en los que poder adentrarse con esa mirada abierta y expectante del que aspira a sentir más que a entender.

José A. Montecino

OBRAS

Acrílico sobre tabla
150 x 150 cm

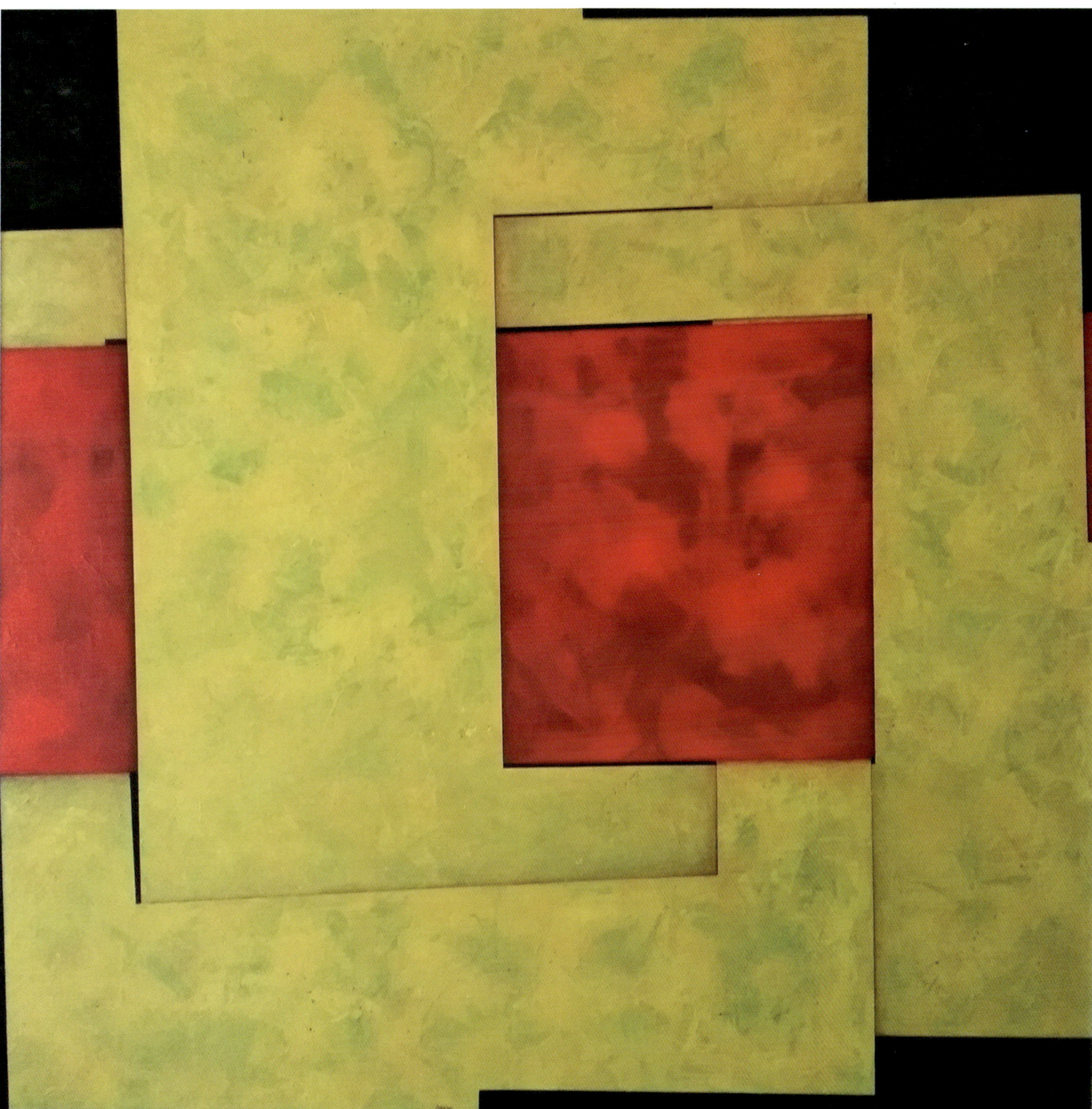

Acrílico sobre tabla
128 x 128 cm
(distancia entre vértices)

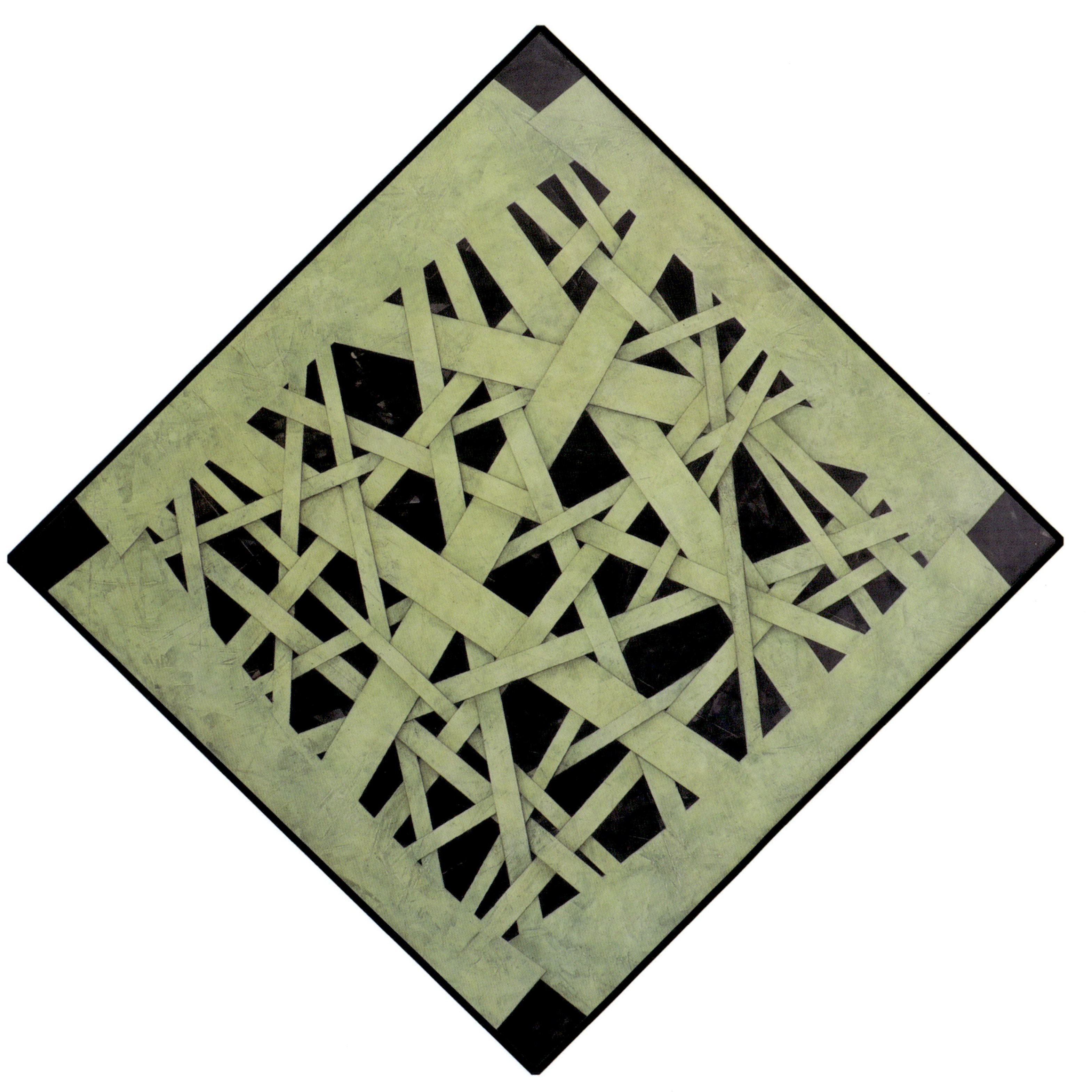

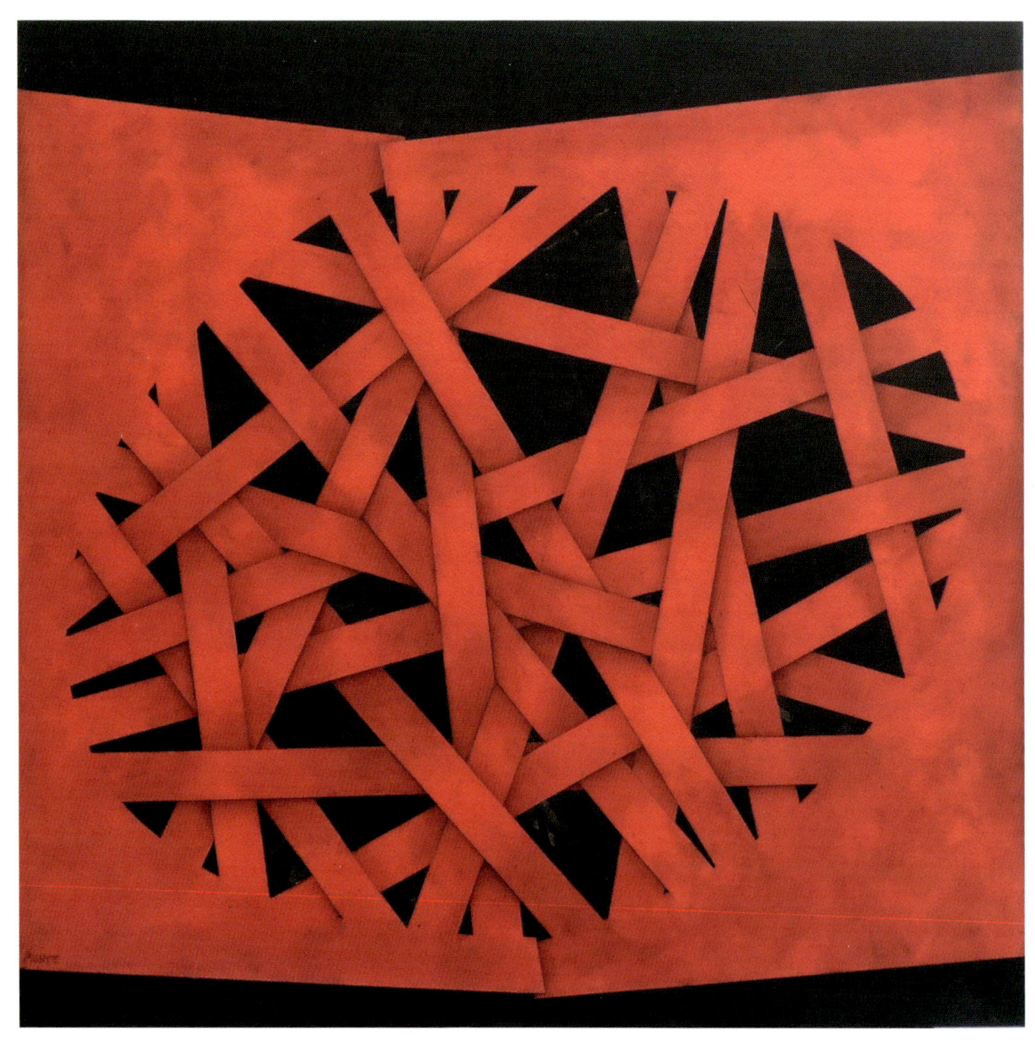

Acrílico sobre tabla
73 x 73 cm

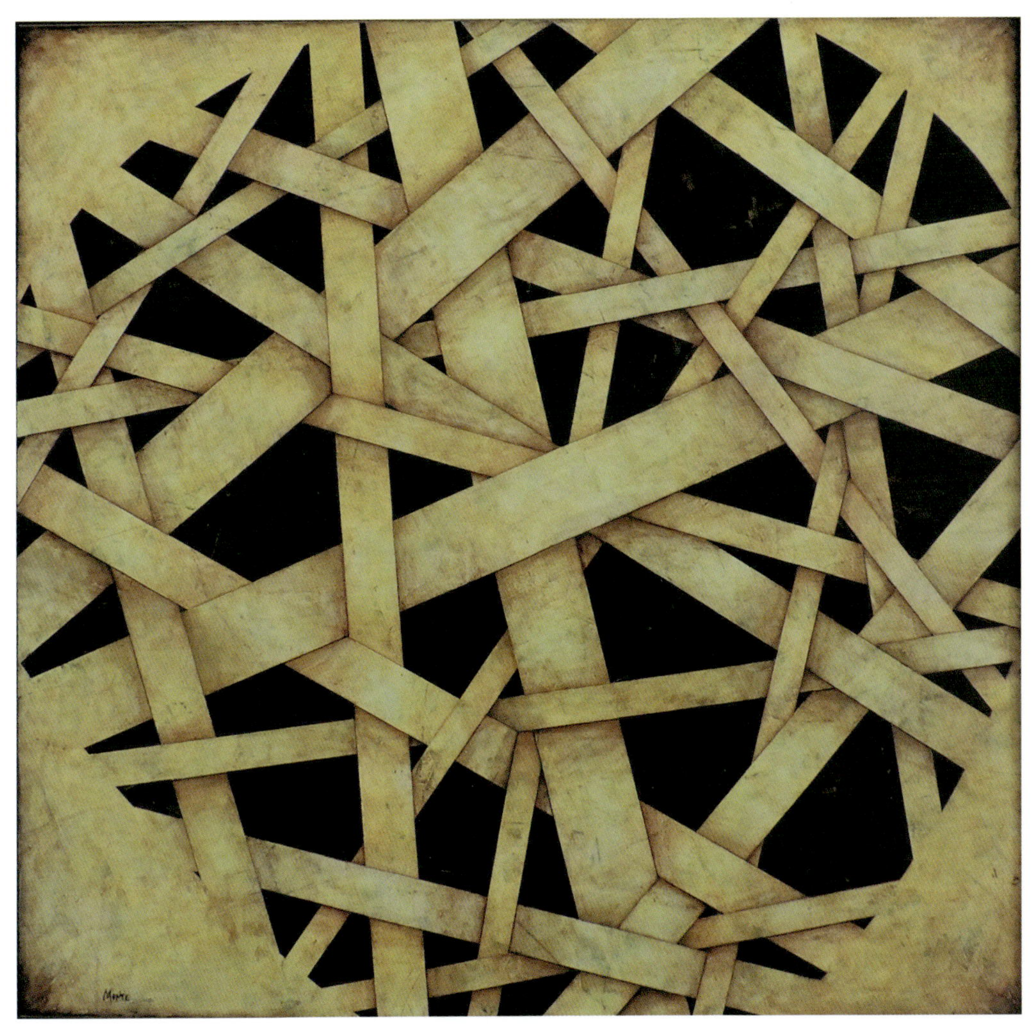

Acrílico sobre tabla
73 x 73 cm

Acrílico sobre tabla
110 x 113 cm

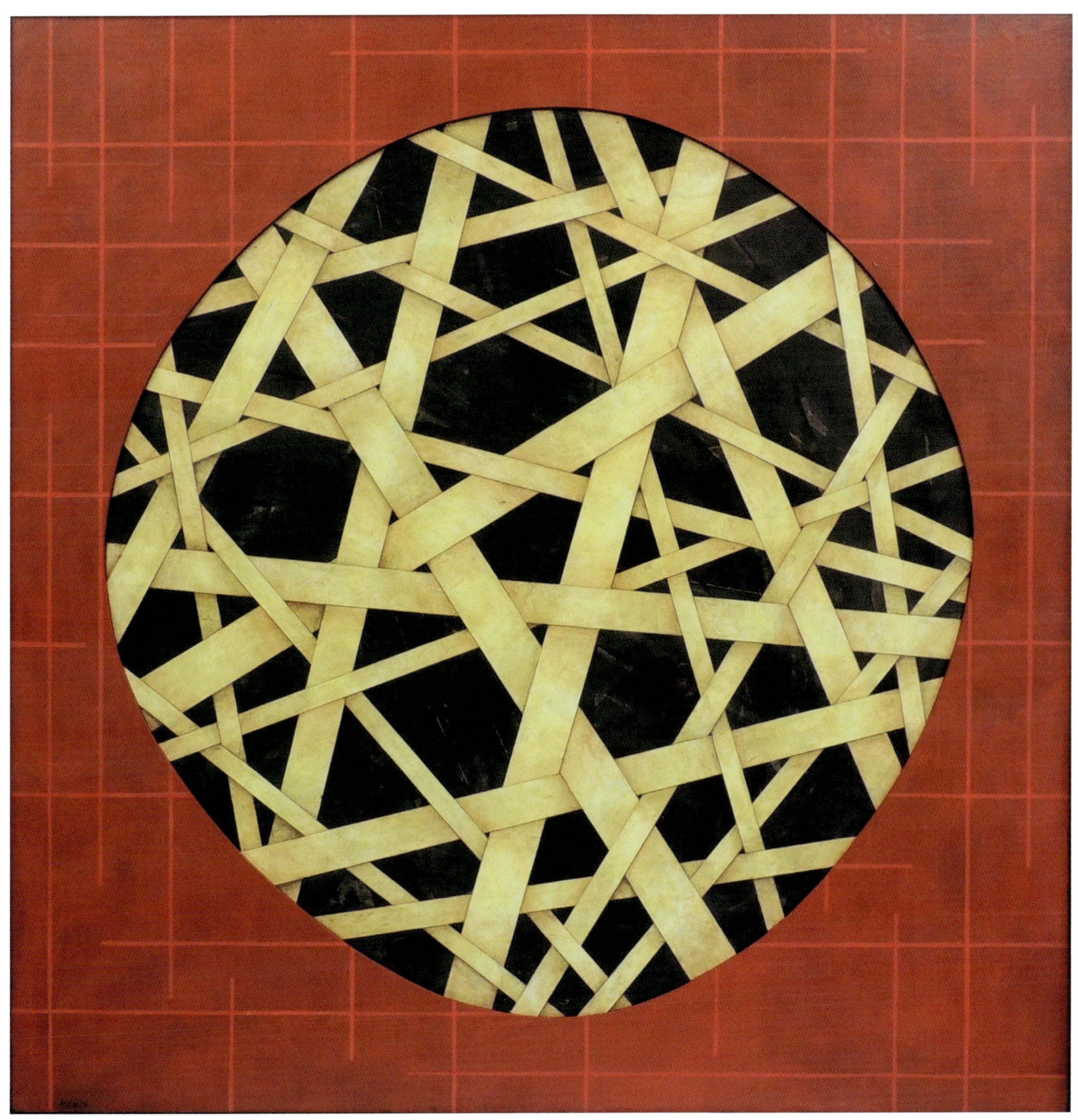

Acrílico sobre tabla
140 x 110 cm

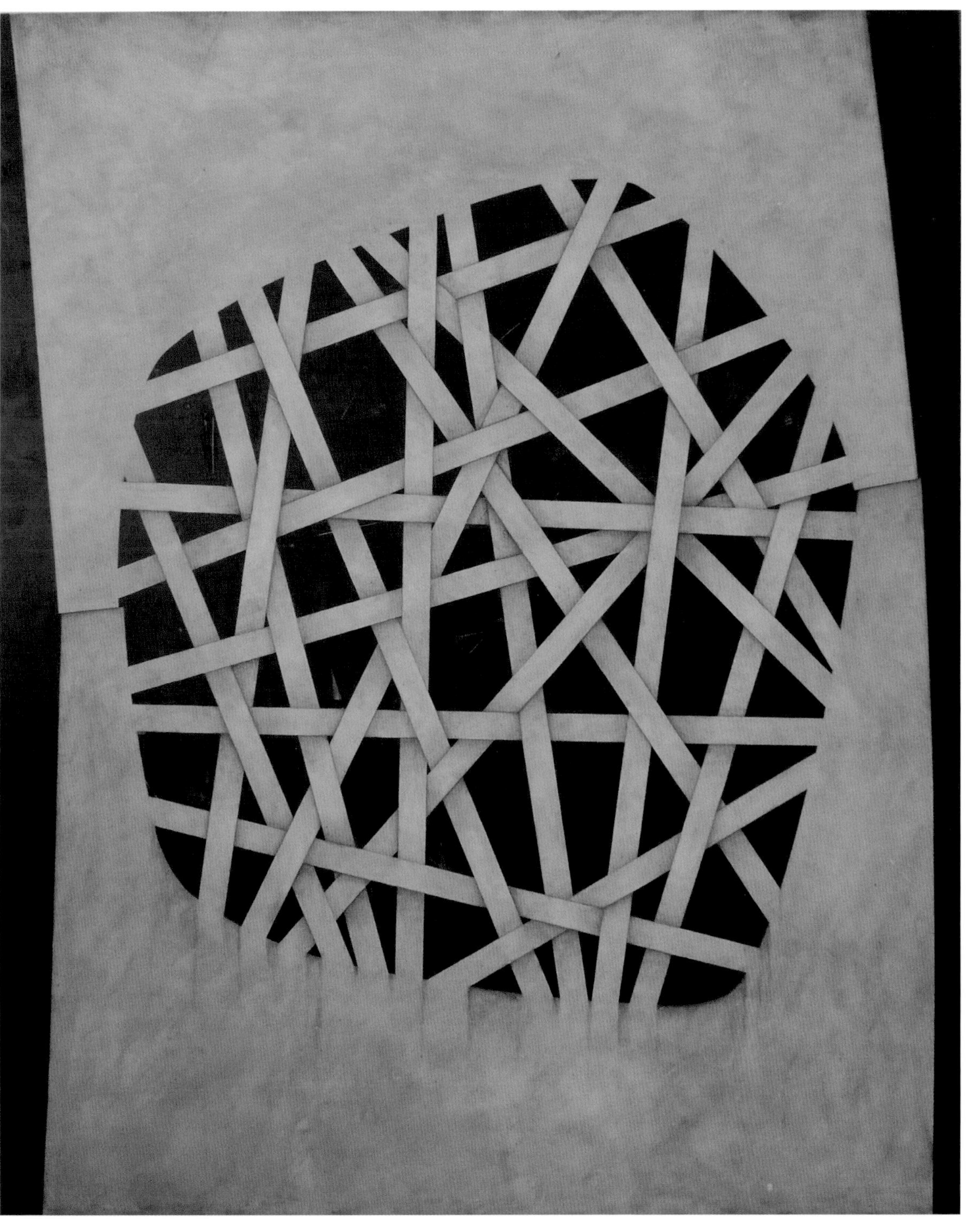

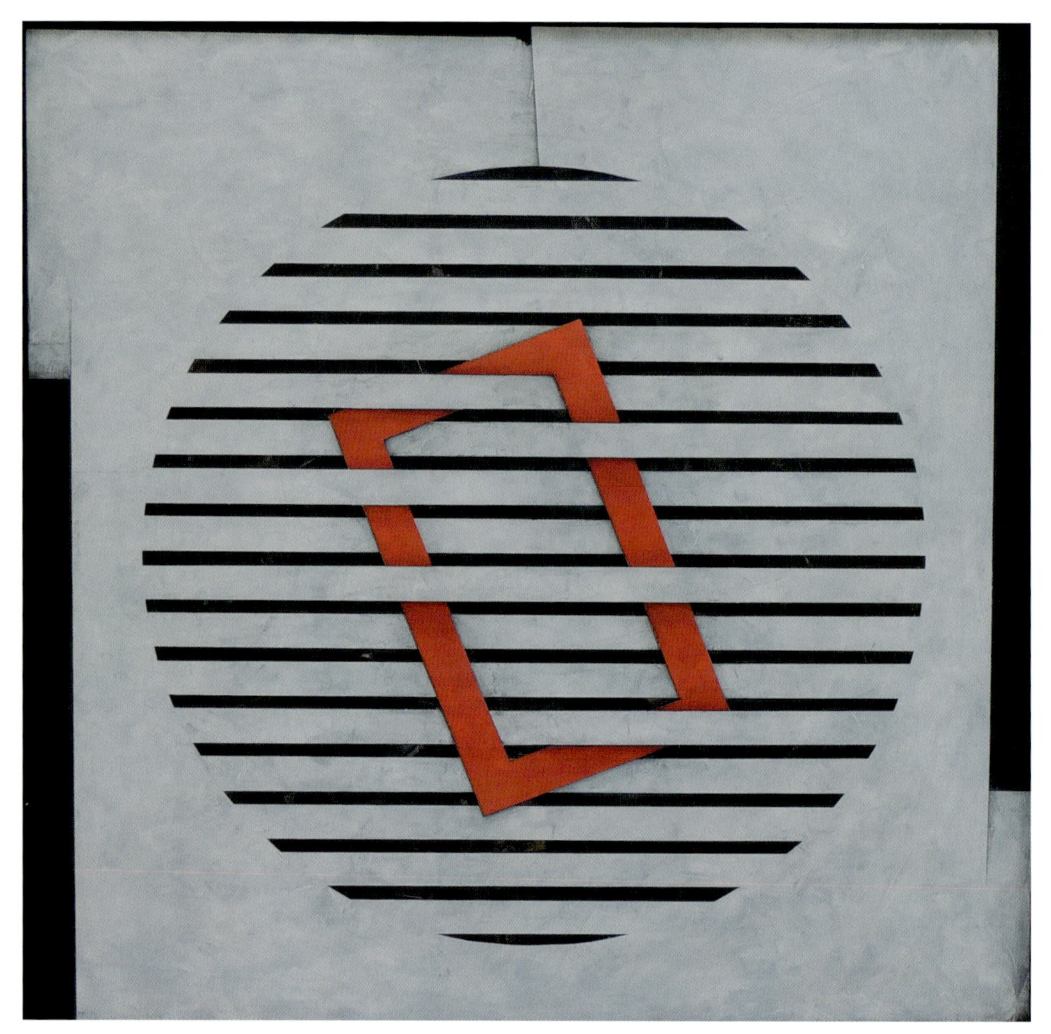

Acrílico sobre tabla
73 x 73 cm

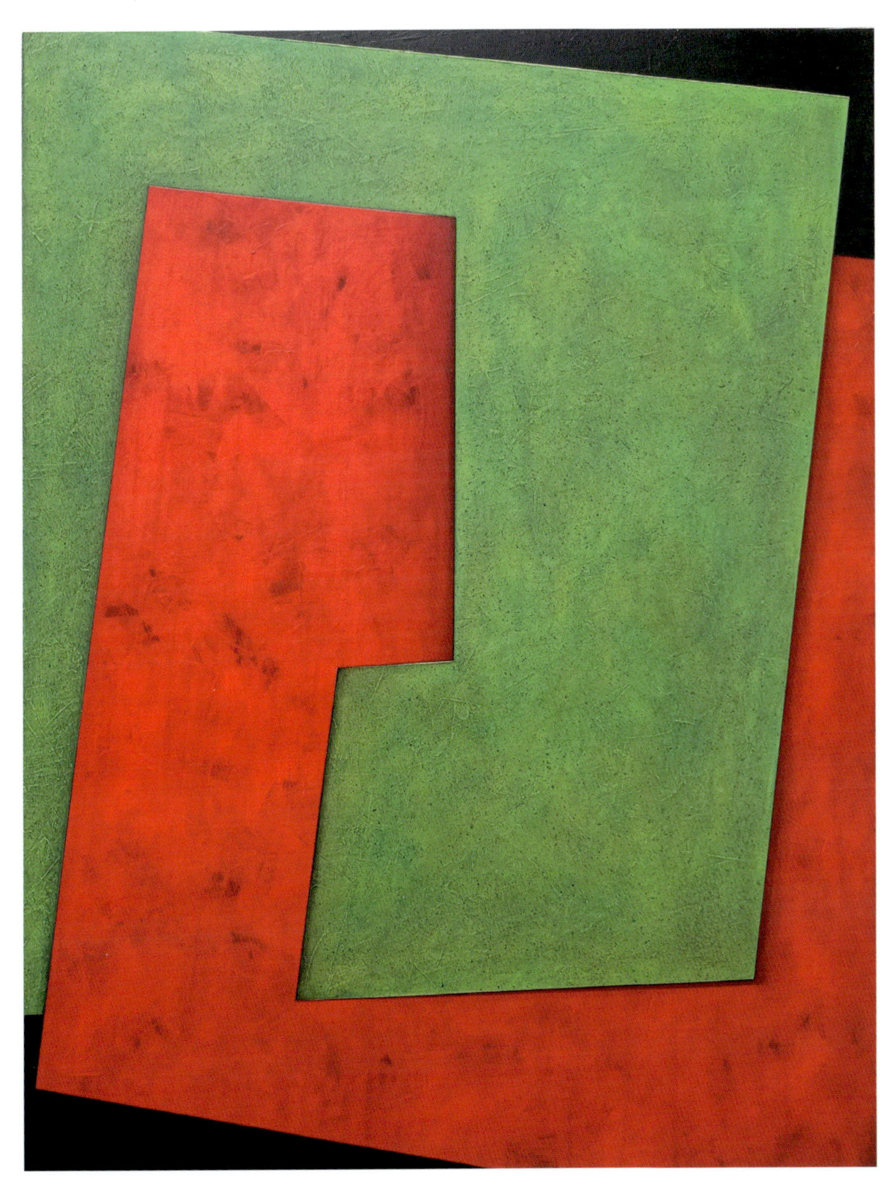

Acrílico sobre tabla
80 x 60 cm

Acrílico sobre tabla
108 x 125 cm

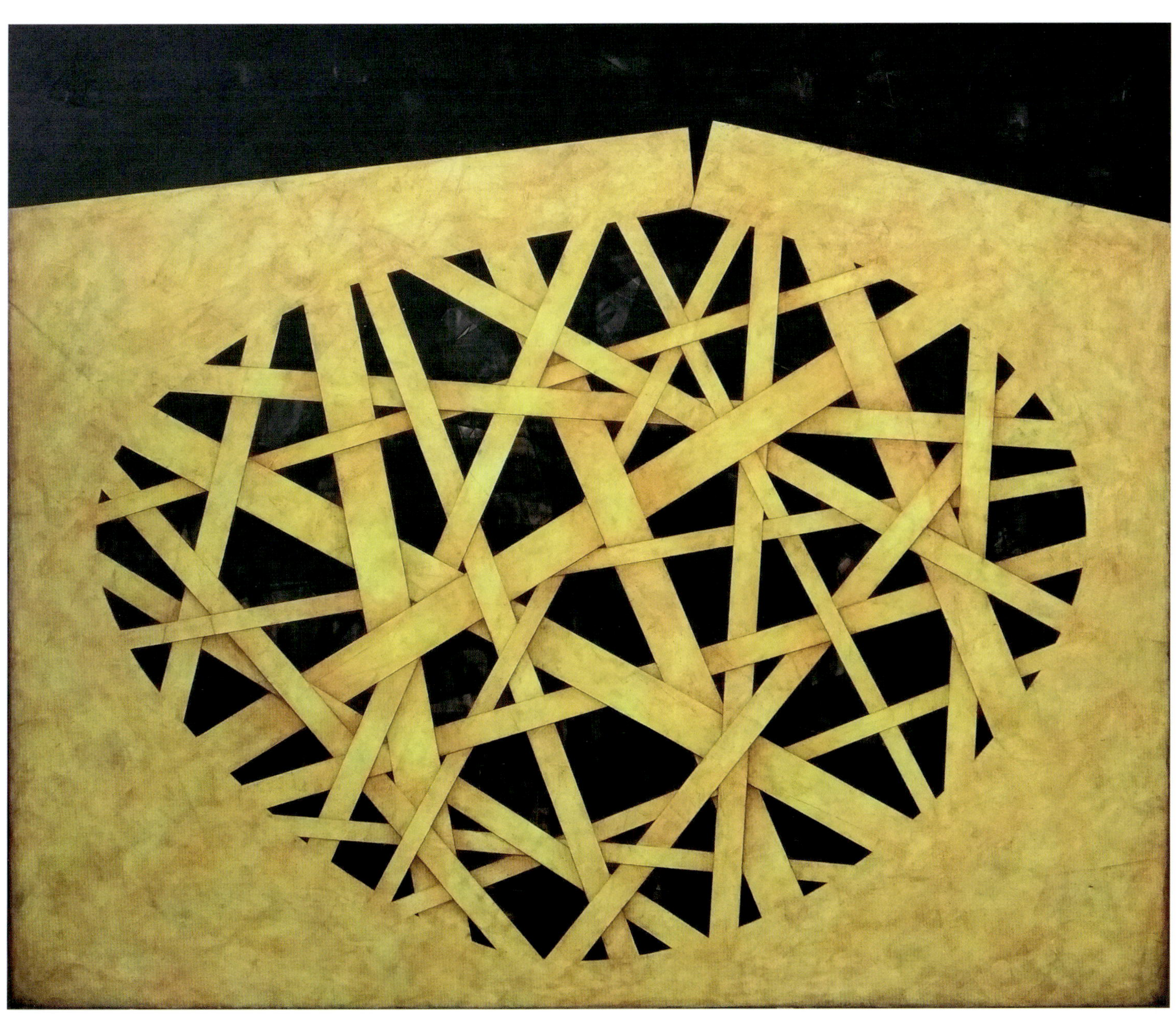

Acrílico sobre tabla
130 x 145 cm

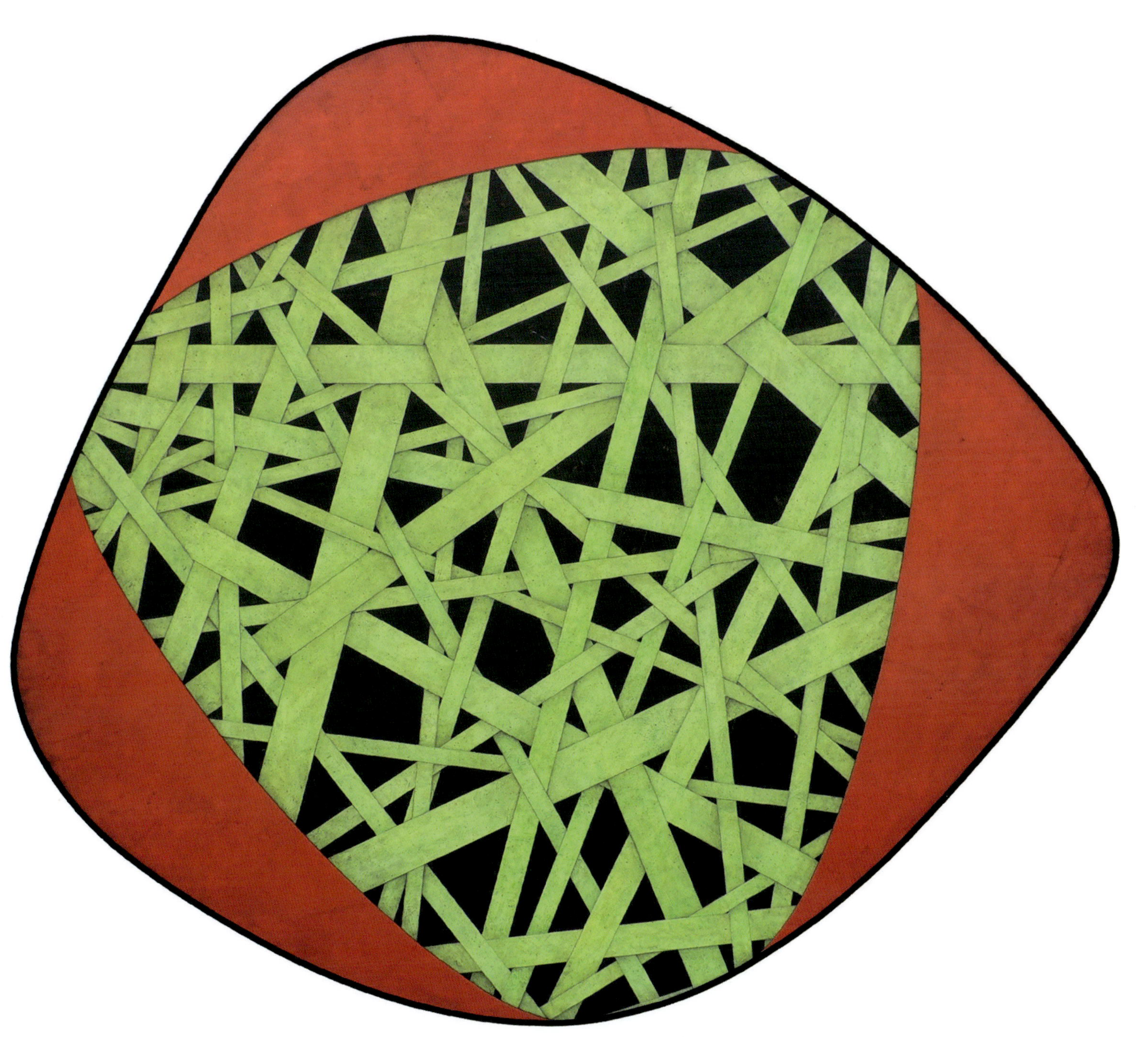

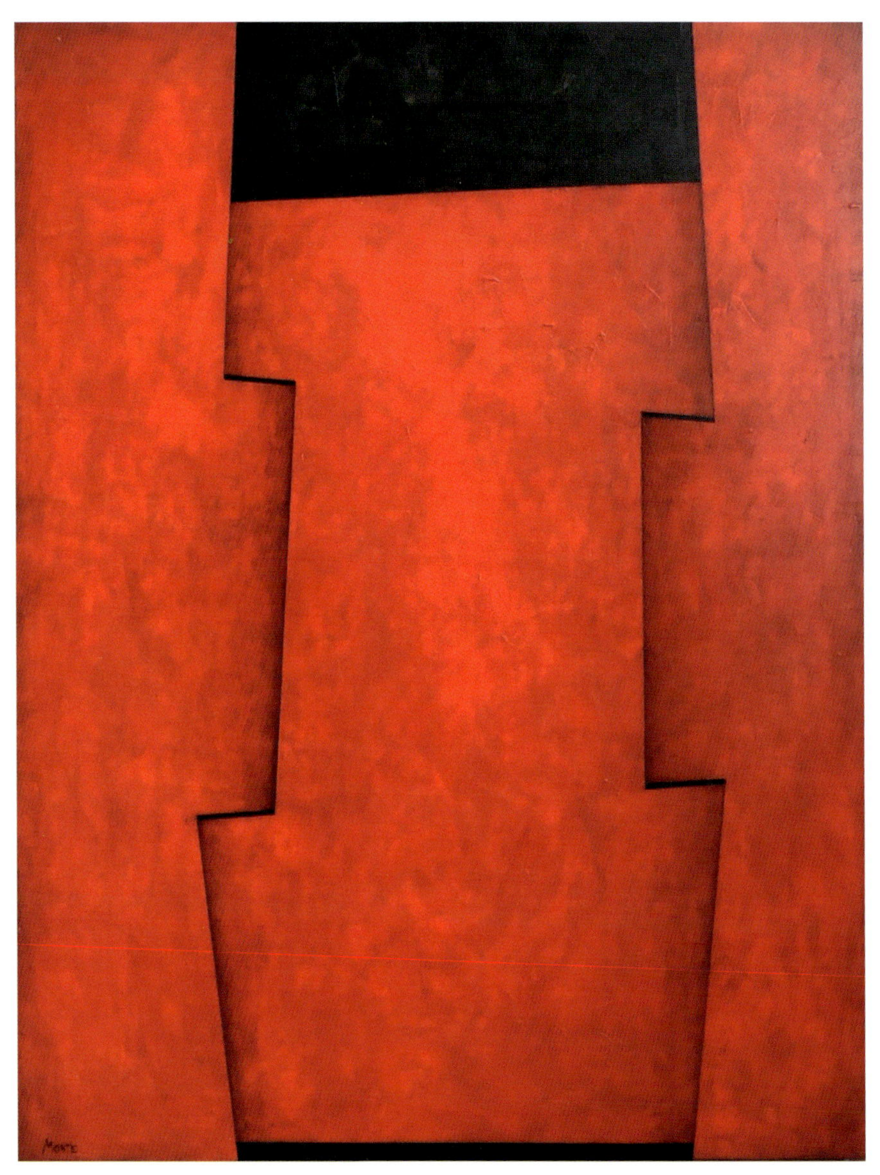

Acrílico sobre tabla
80 x 60 cm

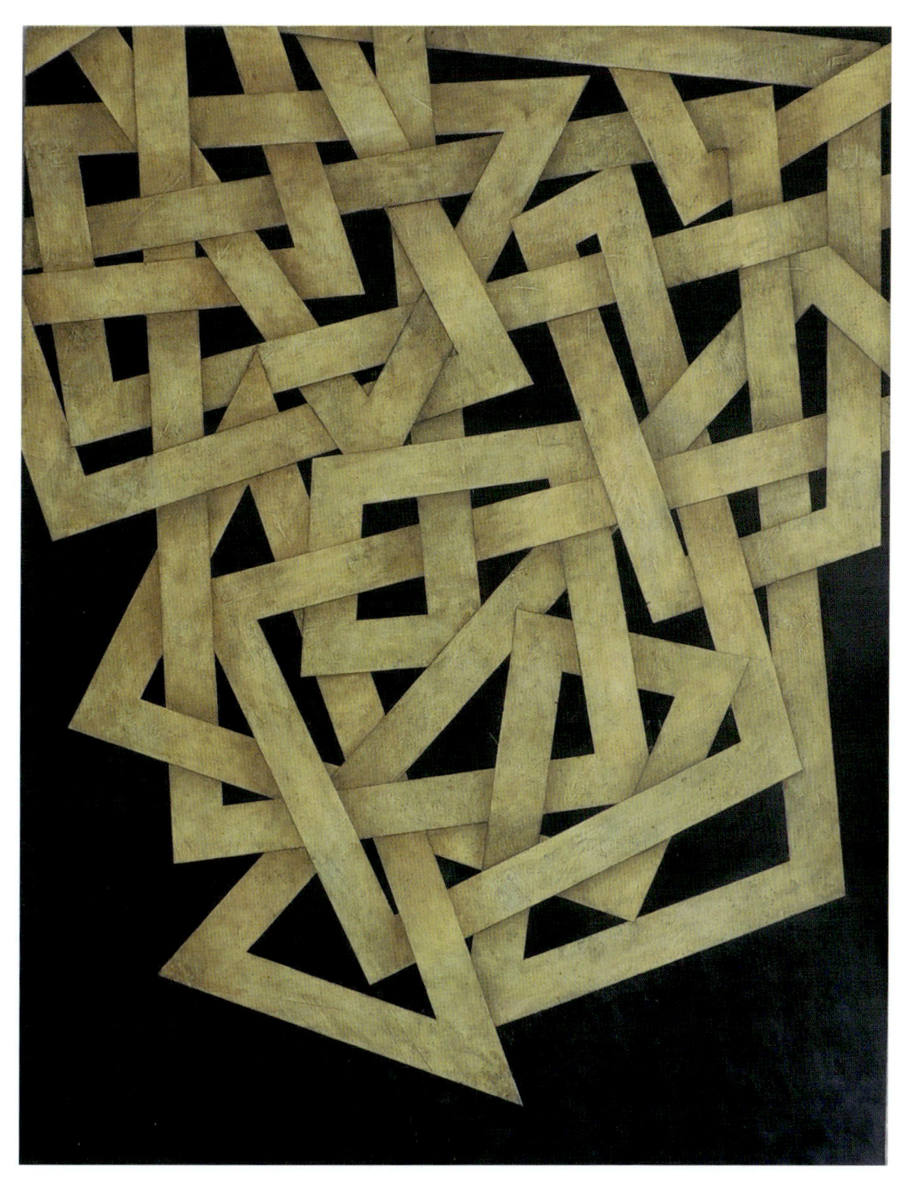

Acrílico sobre tabla
80 x 60 cm

Acrílico sobre tabla
136 x 148 cm

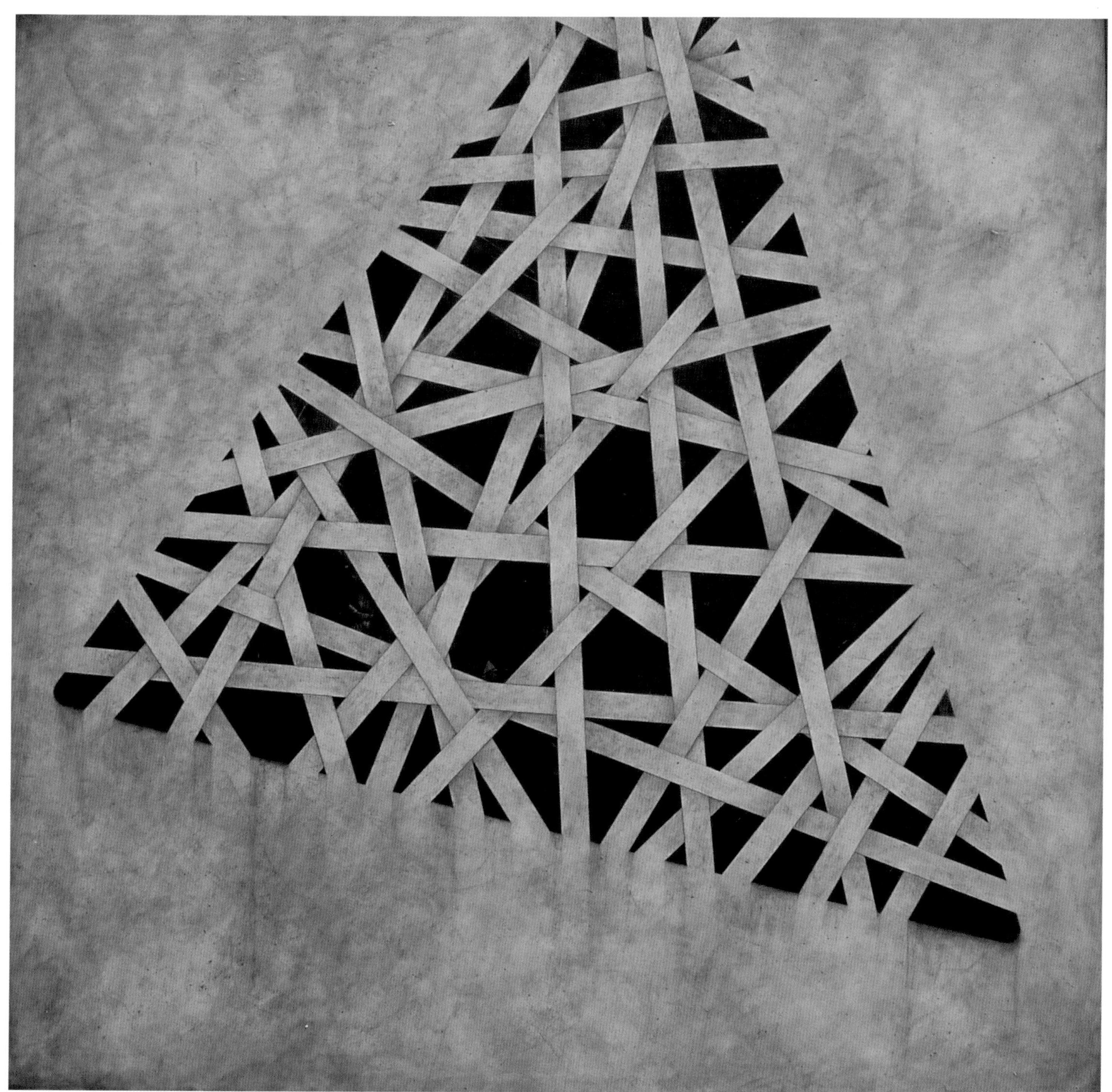

Acrílico sobre tabla
150 x 140 cm

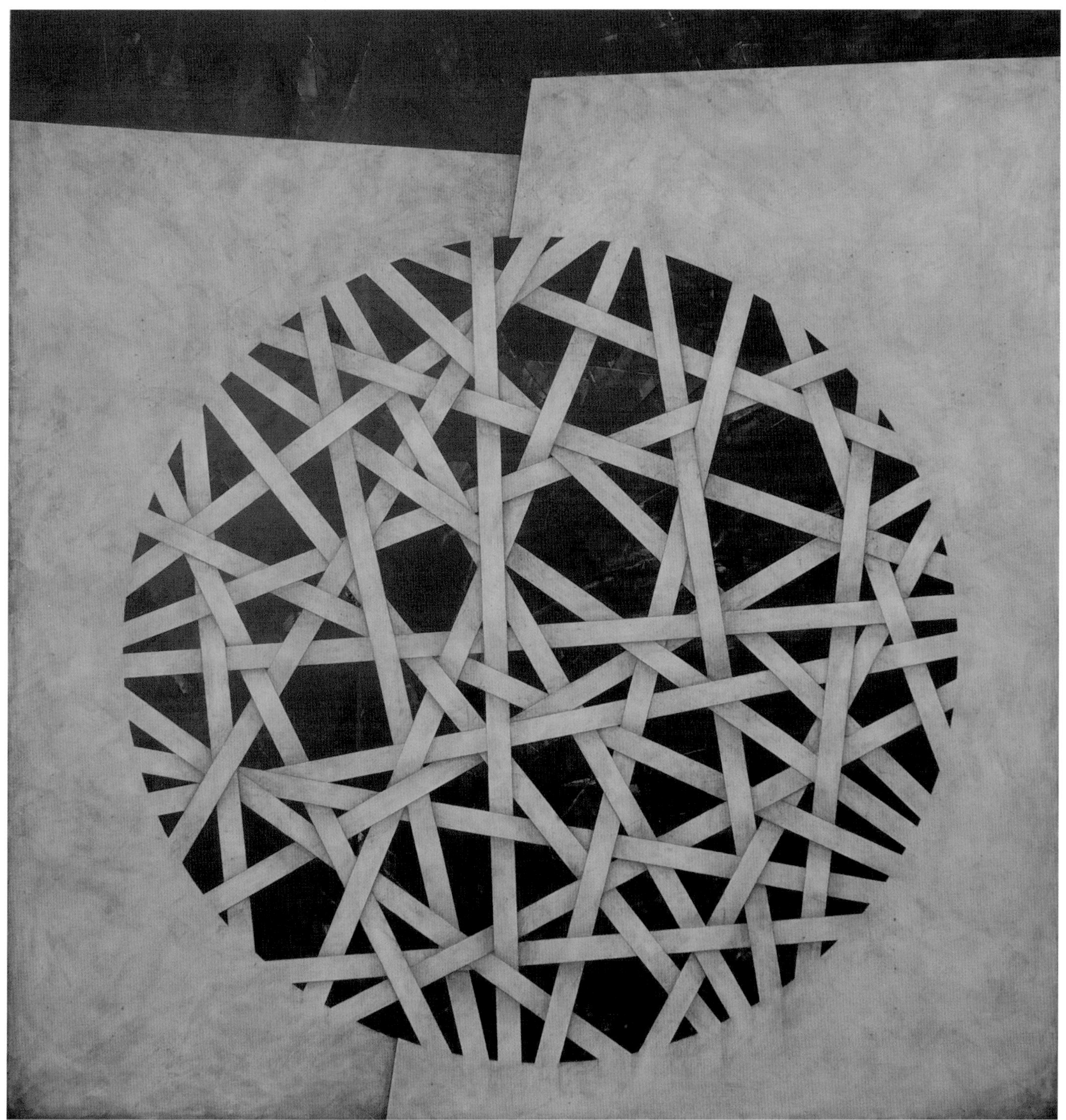

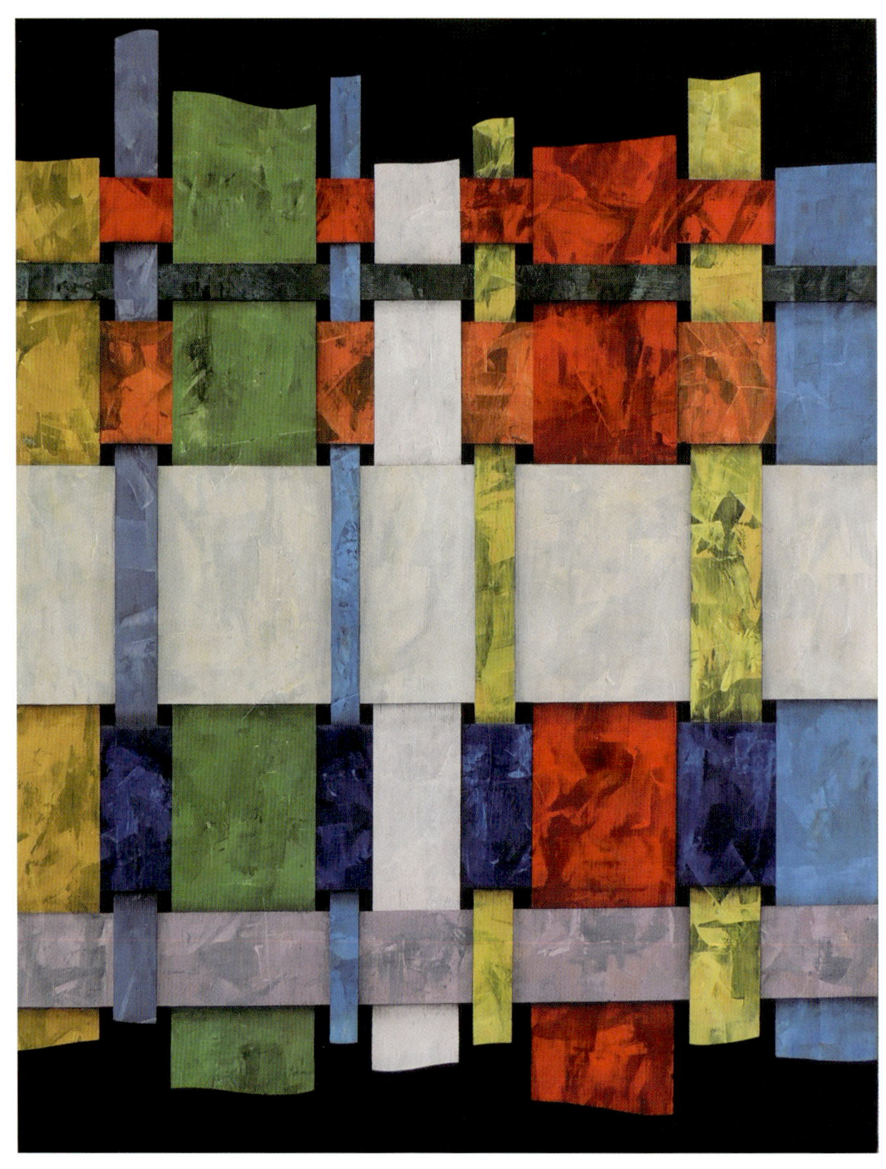

Acrílico sobre tabla
80 x 60 cm

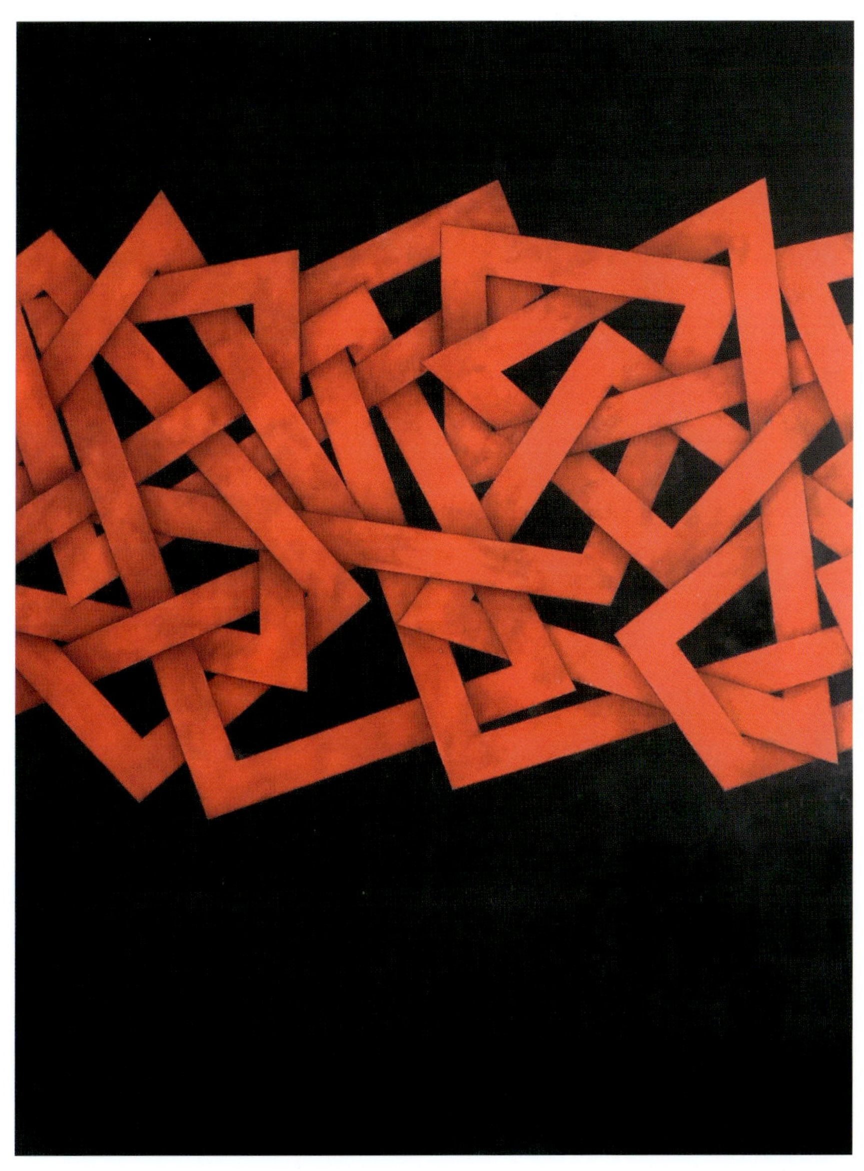

Acrílico sobre tabla
80 x 60 cm

Acrílico sobre tabla
150 x 140 cm

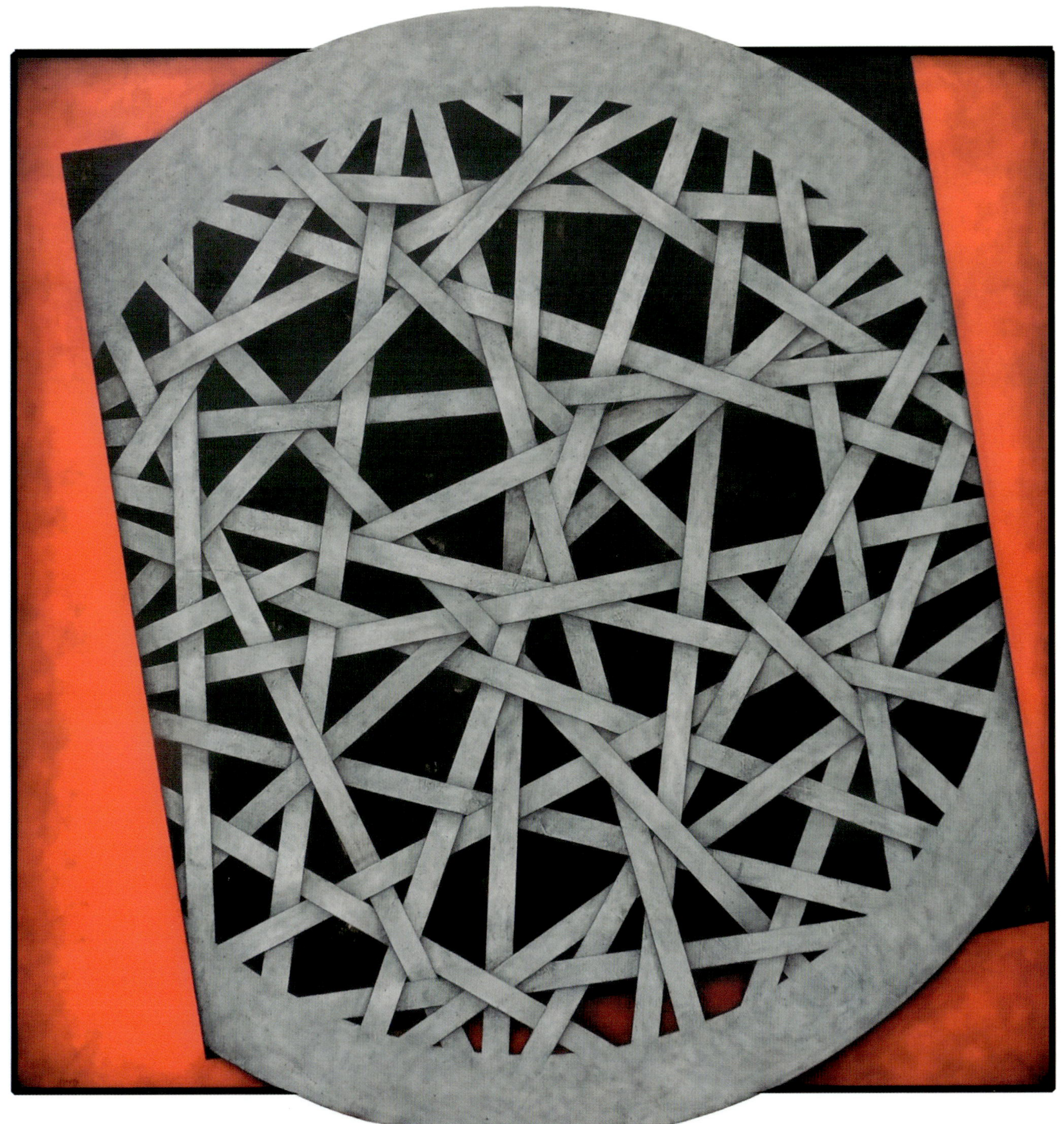

Acrílico sobre tabla
122 x 165 cm

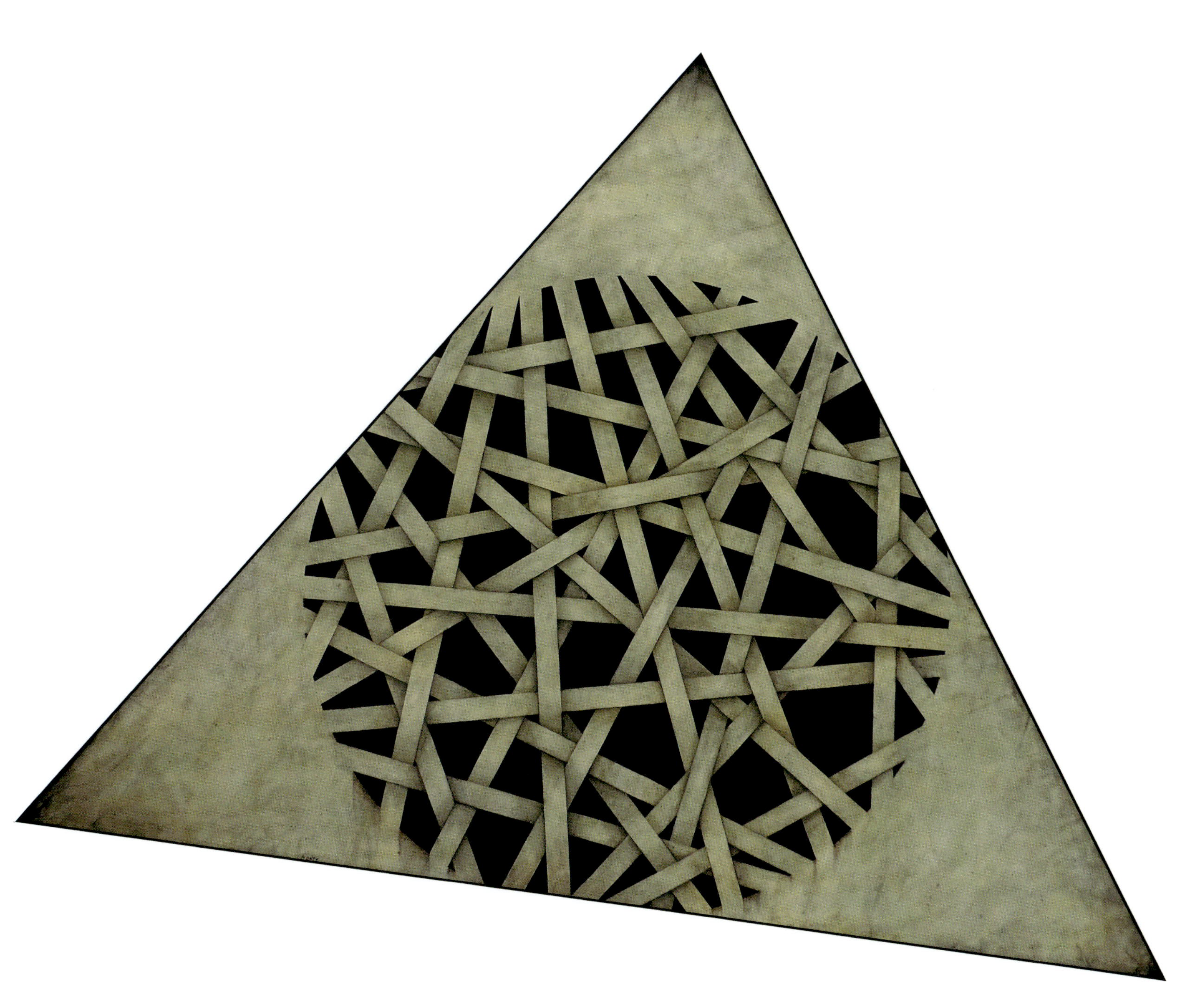

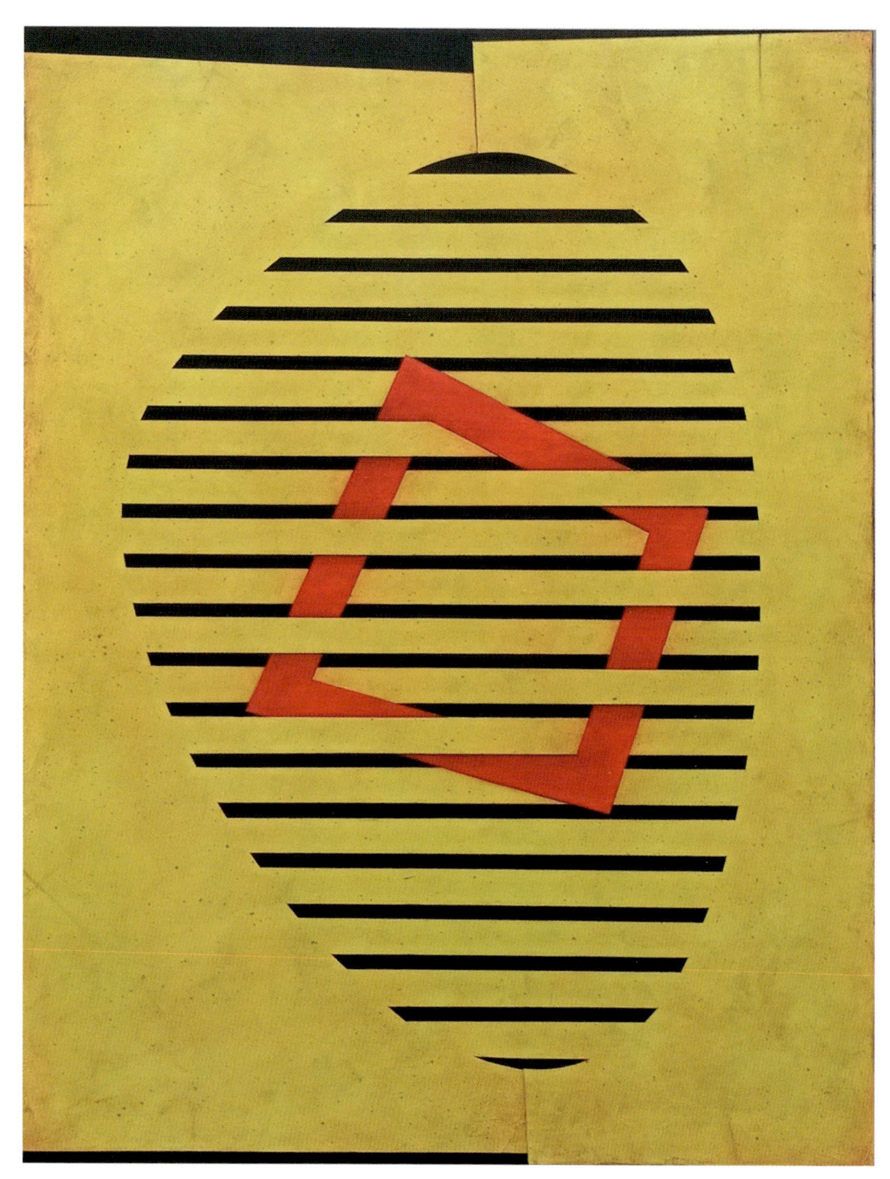

Acrílico sobre tabla
80 x 60 cm

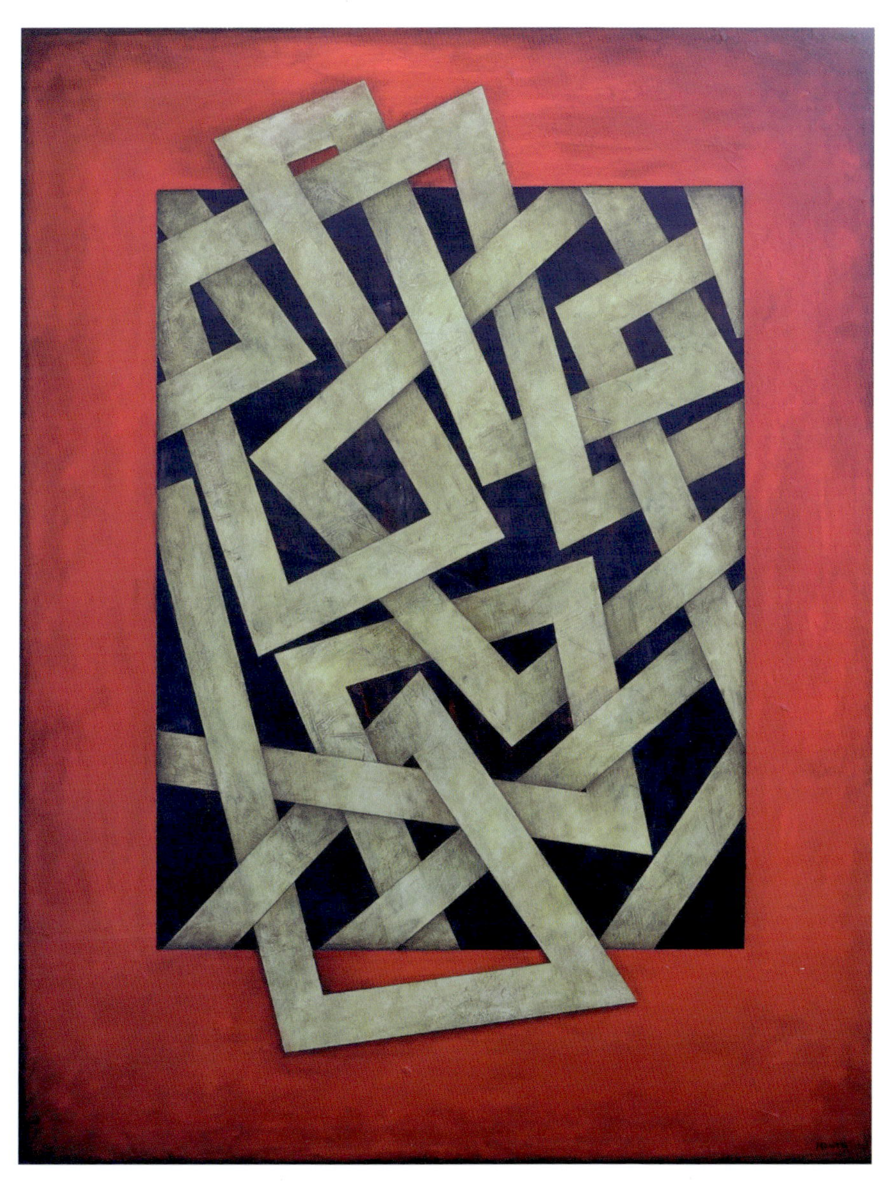

Acrílico sobre tabla
80 x 60 cm

Acrílico sobre tabla
105 x 146 cm

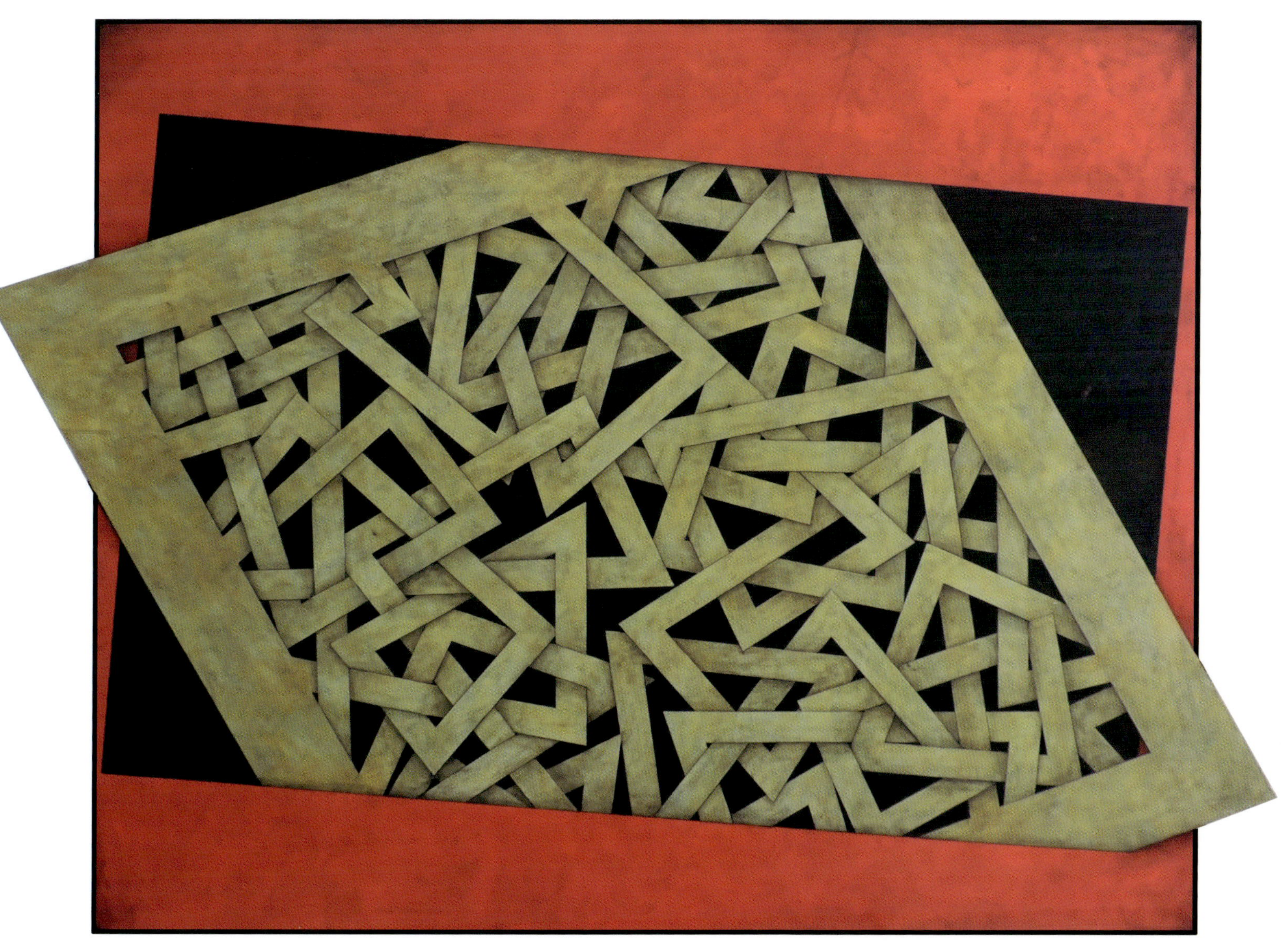

Acrílico sobre tabla
80 x 80 cm

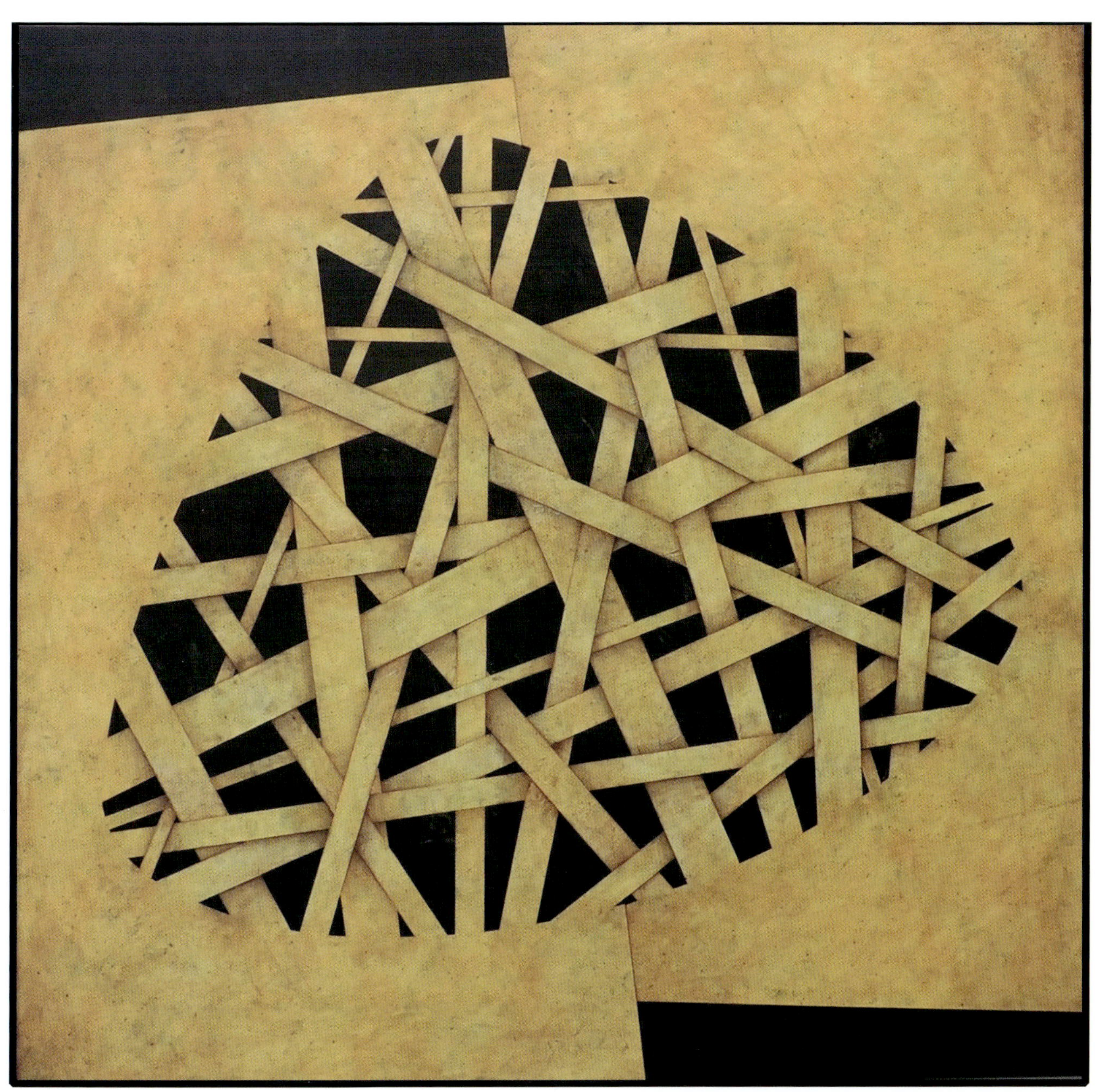

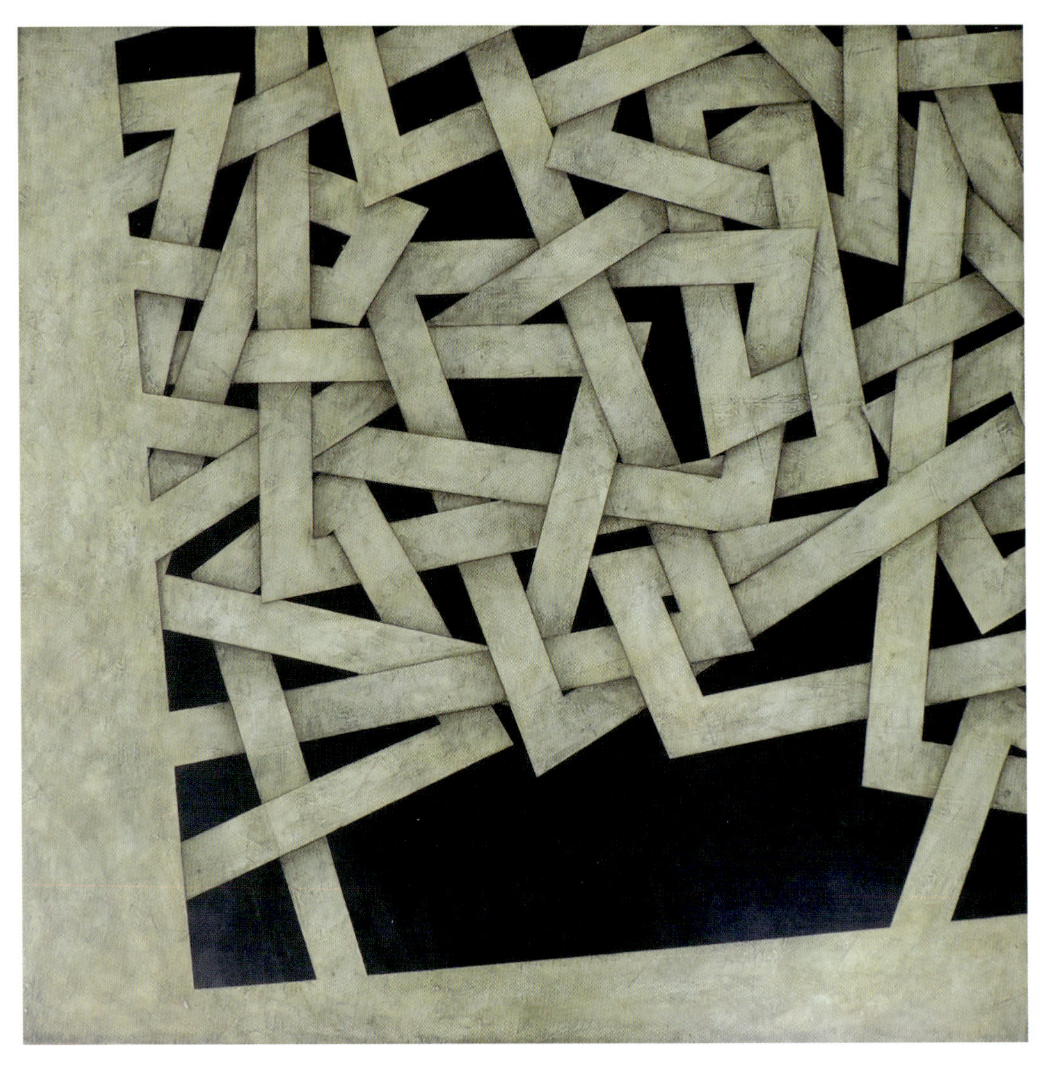

Acrílico sobre tabla
60 x 60 cm

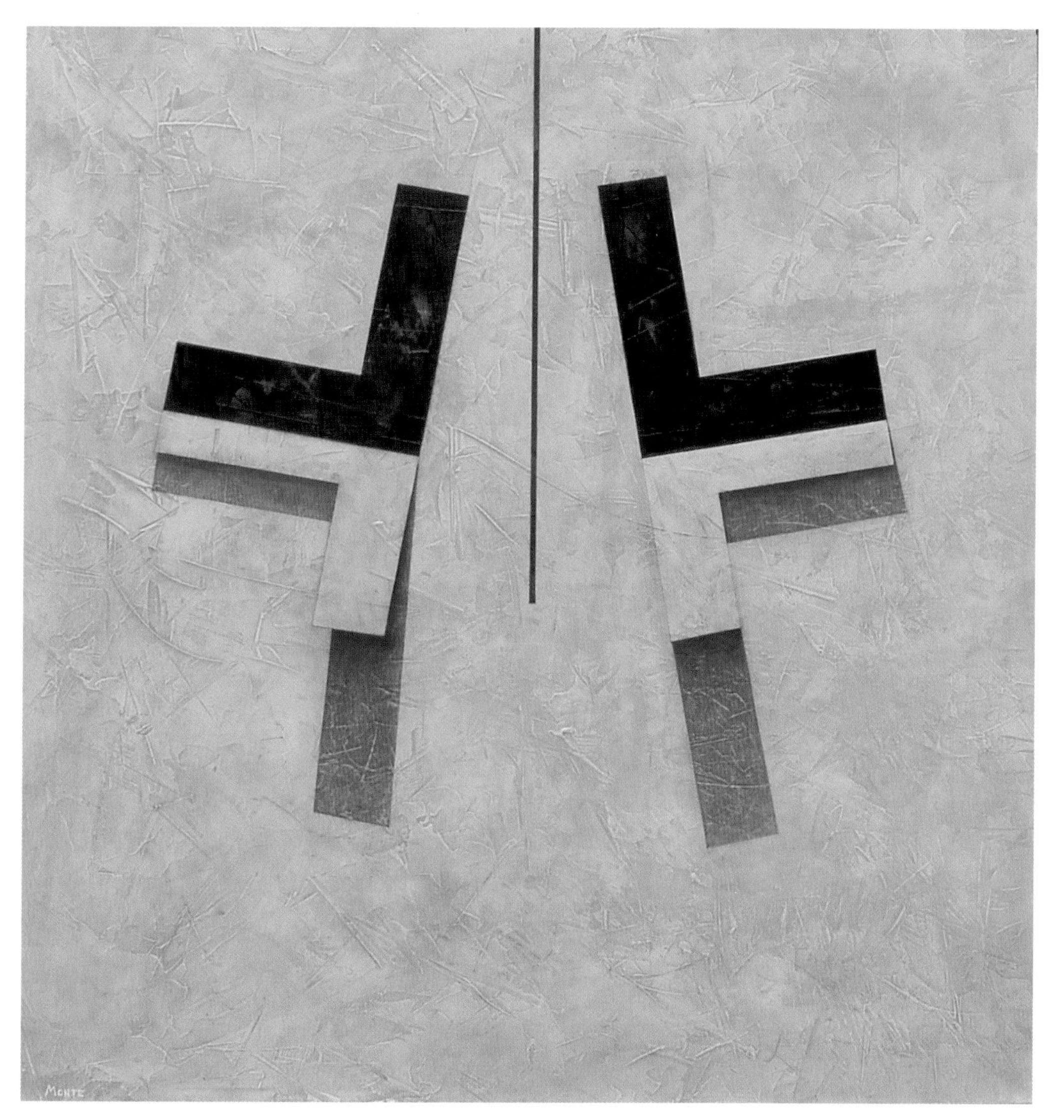

Acrílico sobre tabla
68 x 64 cm

Acrílico sobre tabla
124 x 112 cm

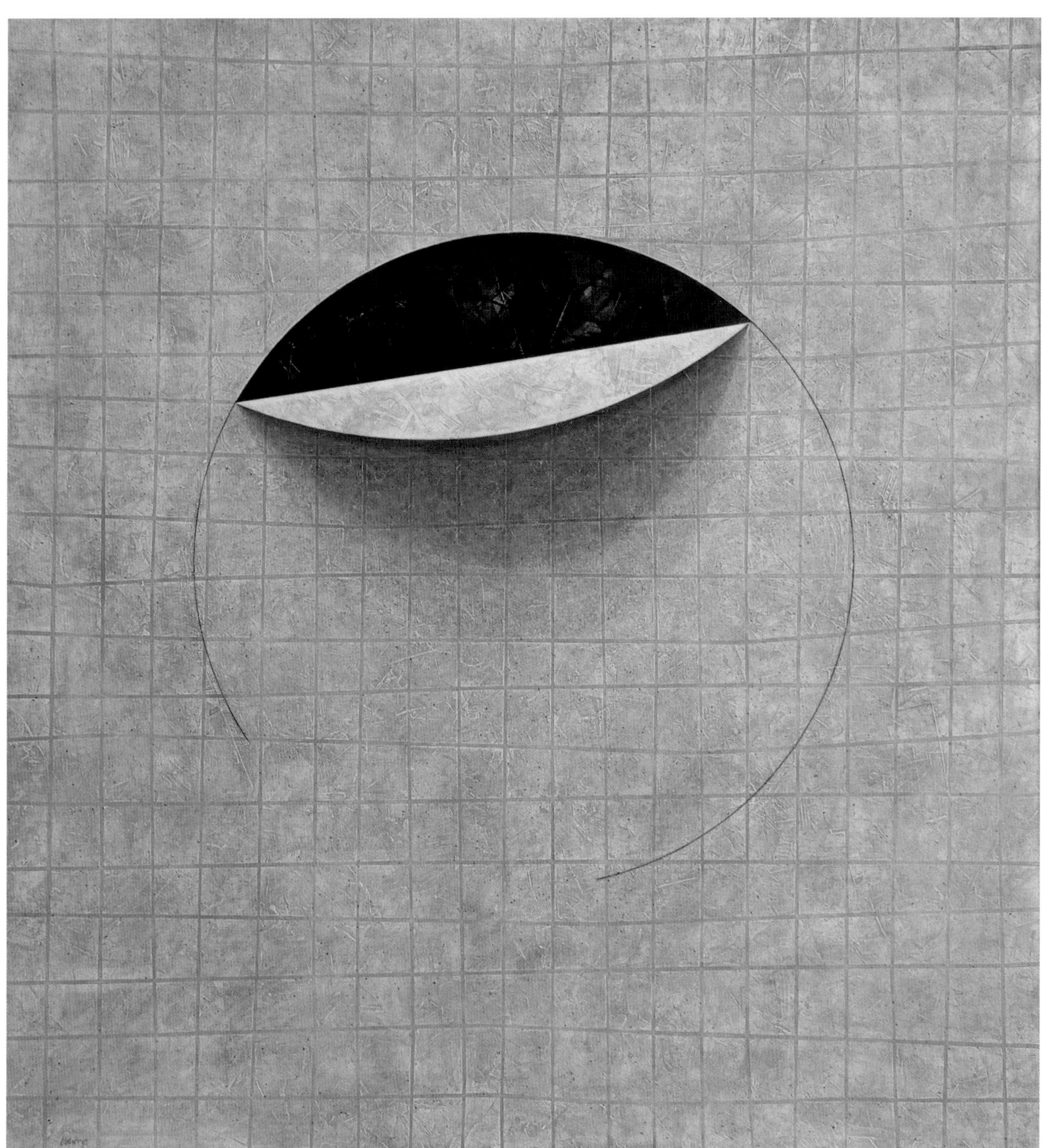

Acrílico sobre tabla
125 x 120 cm

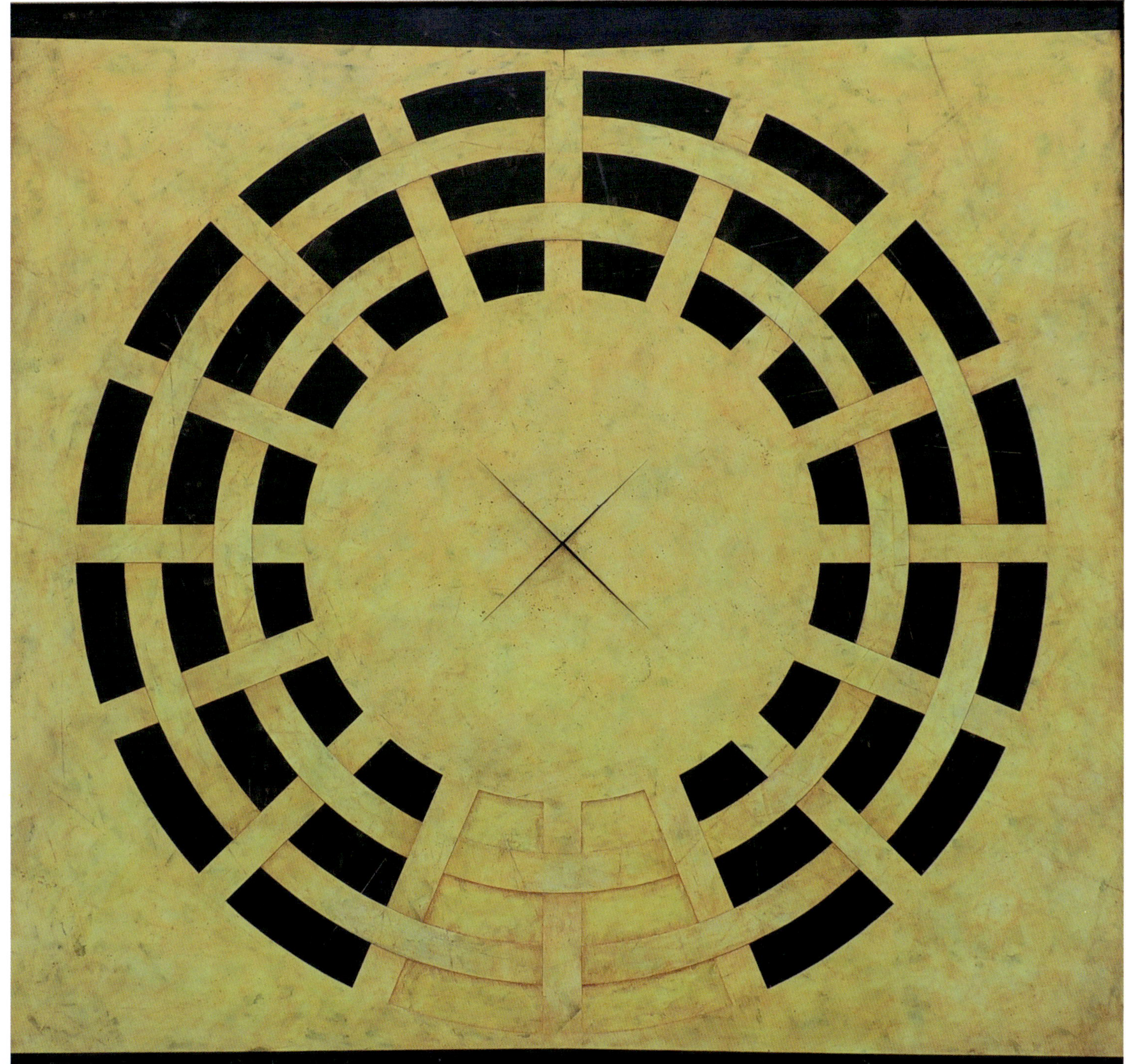

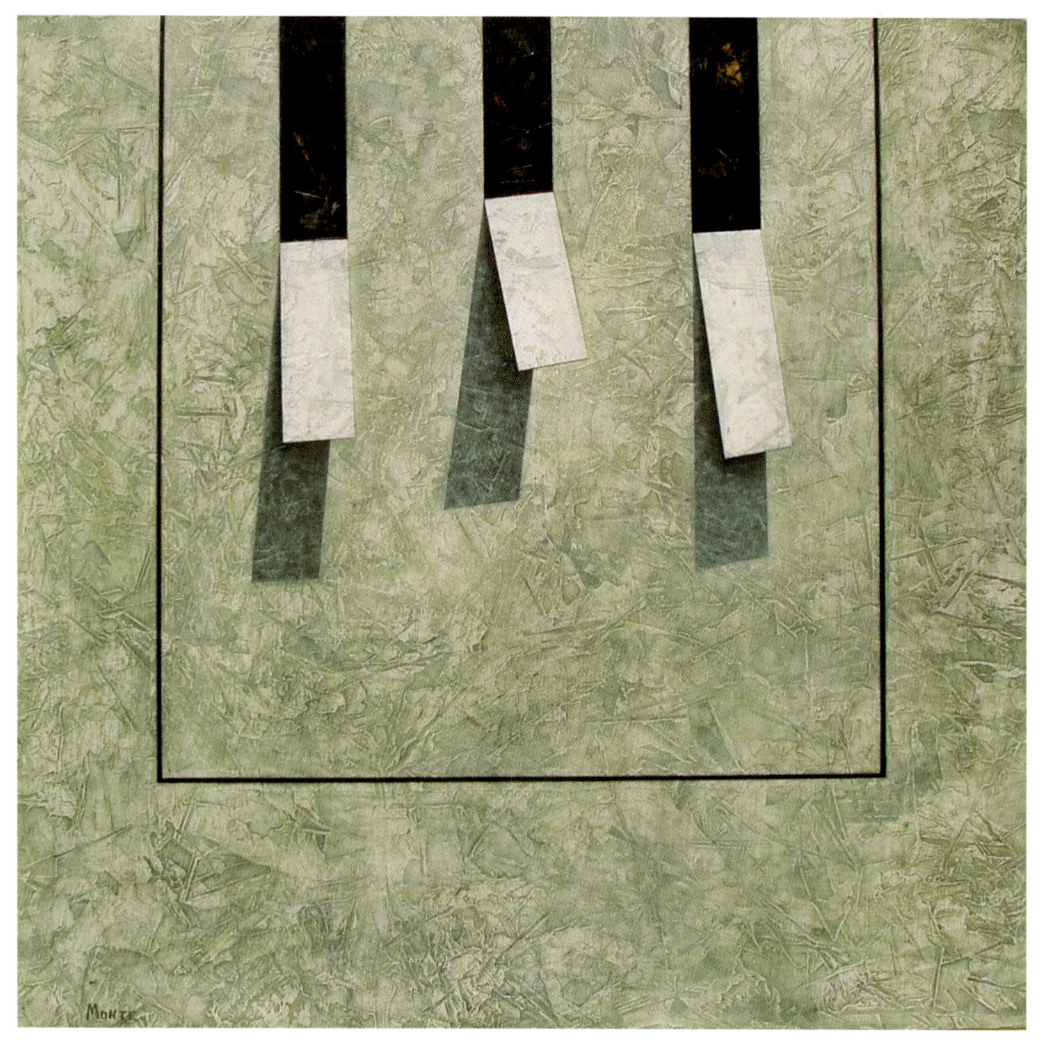

Acrílico sobre tabla
63 x 63 cm

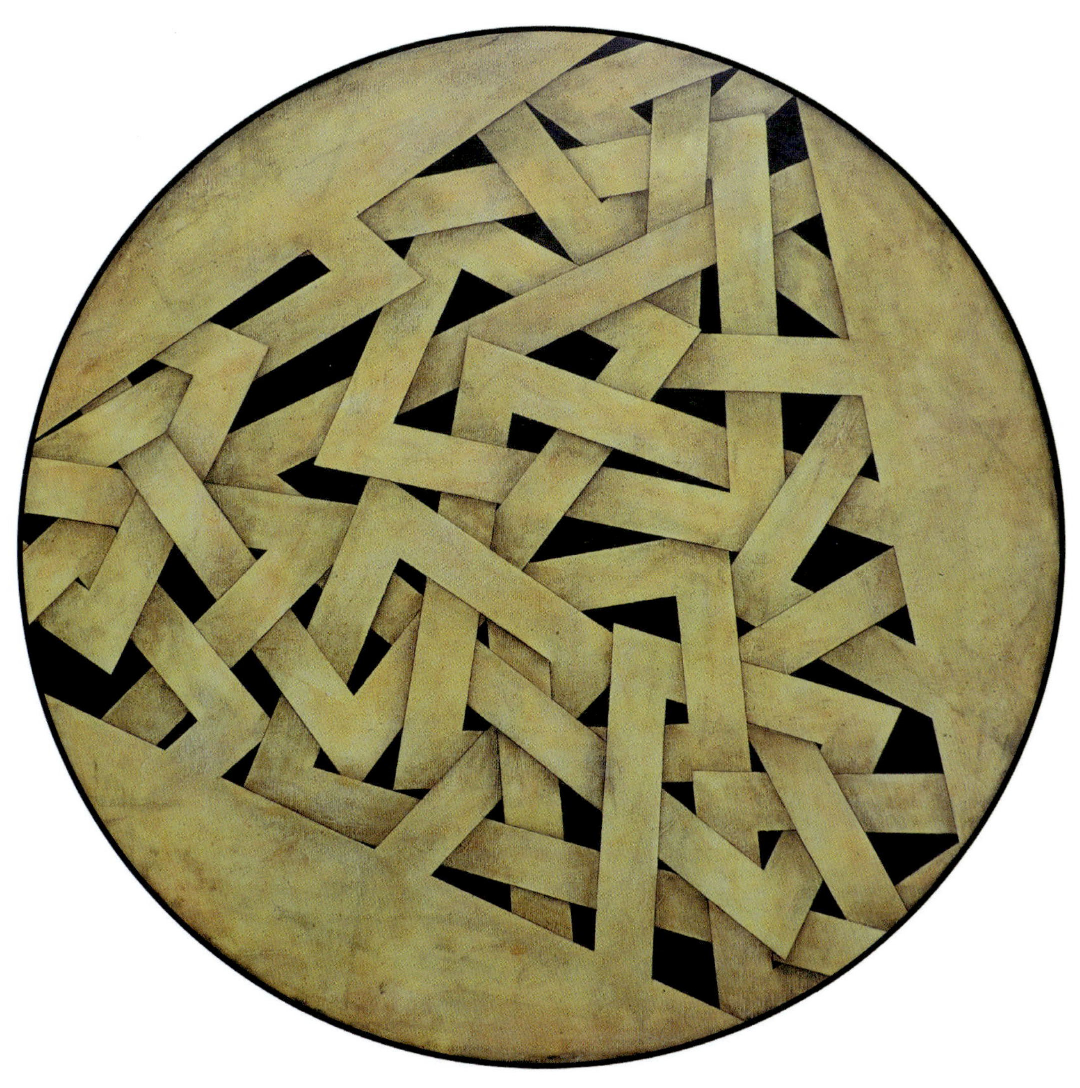

Acrílico sobre tabla
57 cm (Ø)

Acrílico sobre tabla
150 x 137 cm

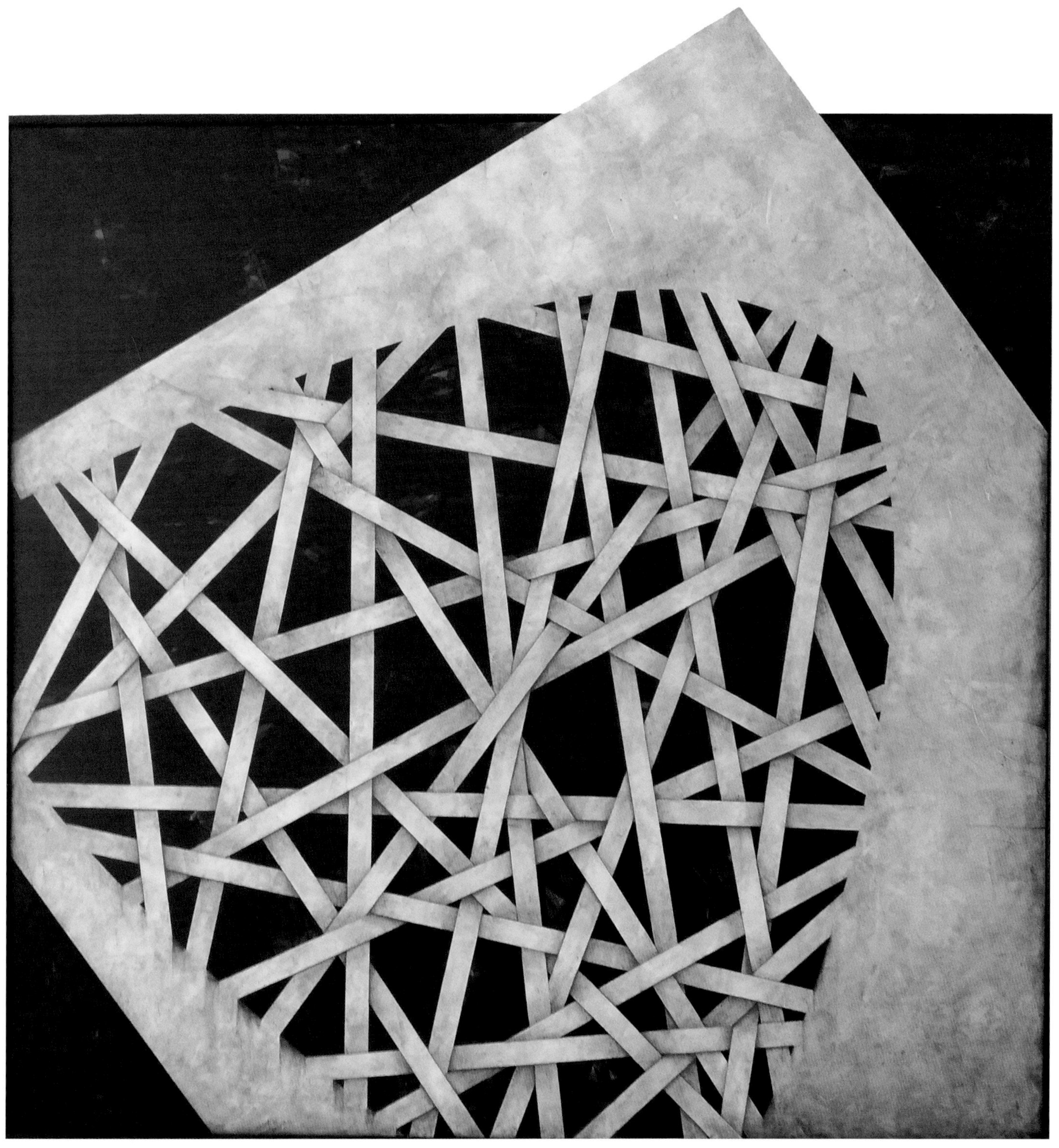

Acrílico sobre tabla
146 x 112 cm

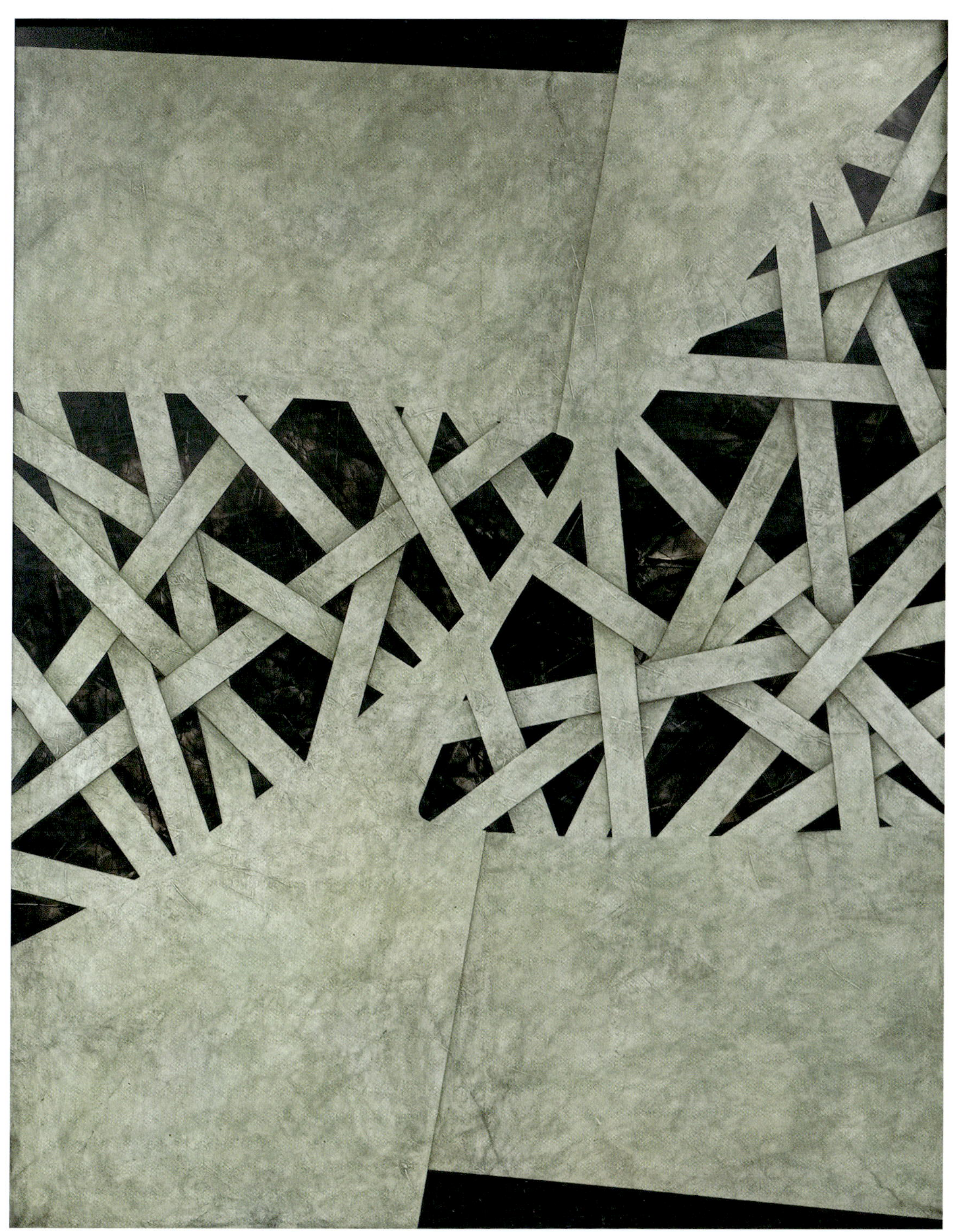

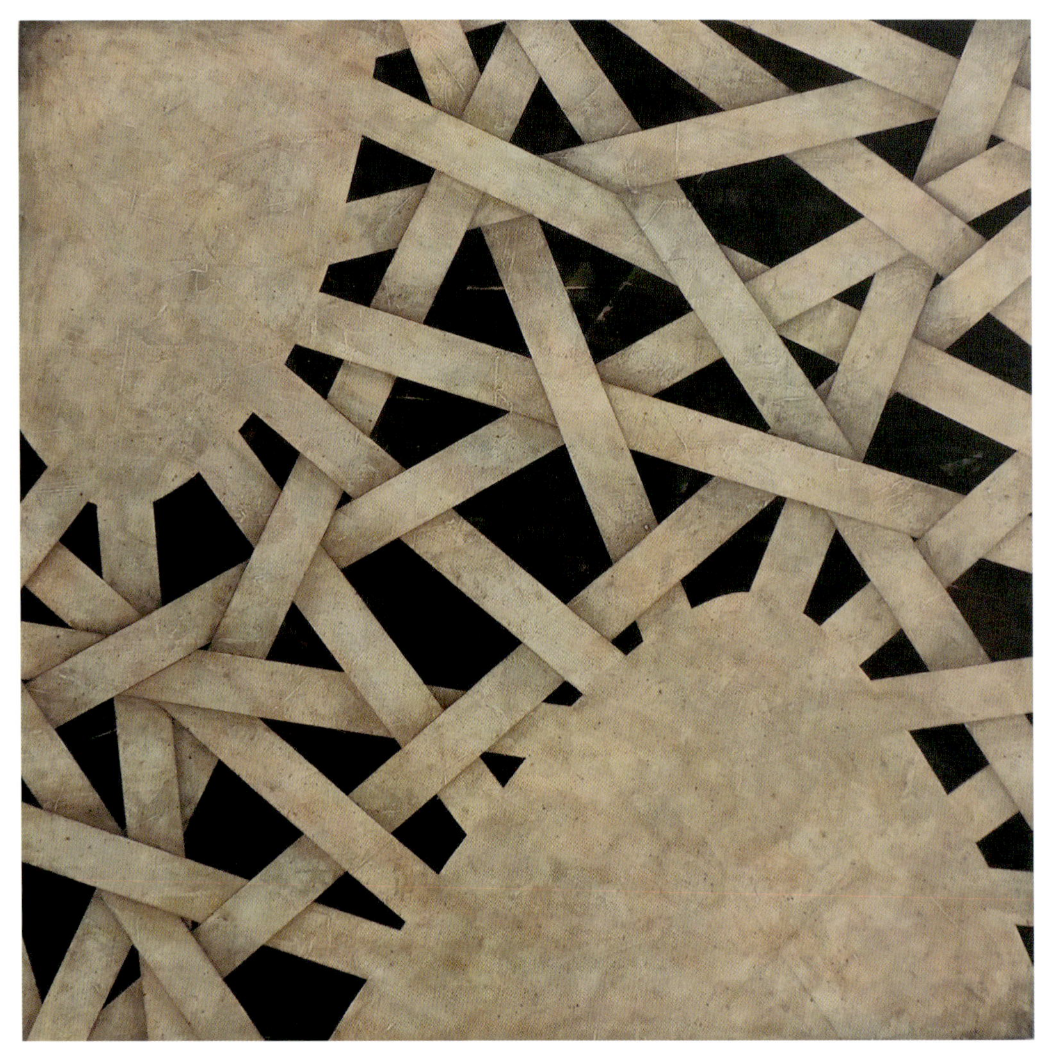

Acrílico sobre tabla
60 x 60 cm

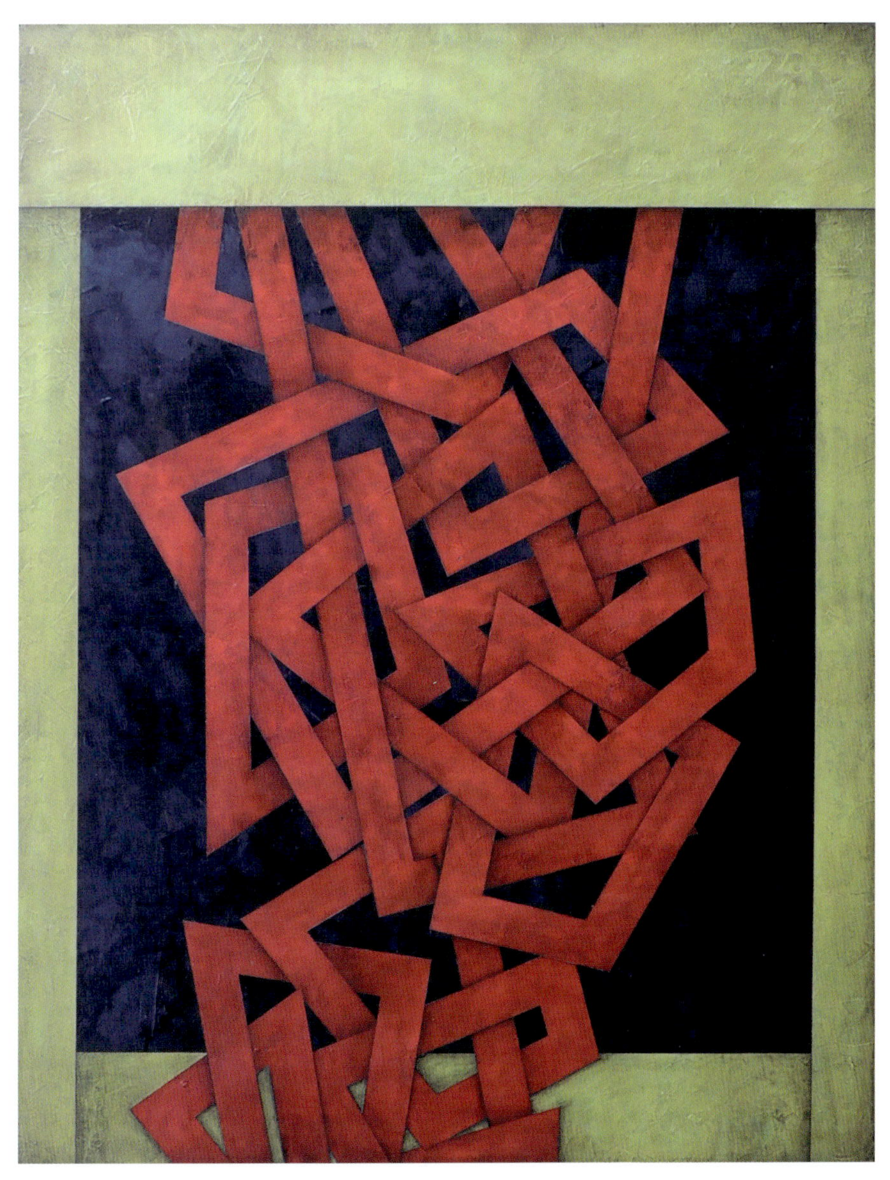

Acrílico sobre tabla
63 x 63 cm

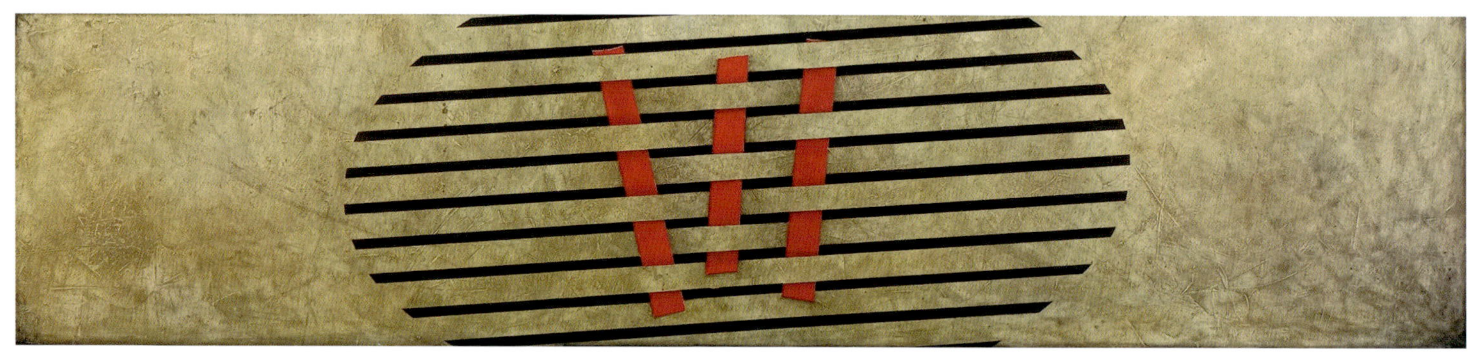

Acrílico sobre tabla
32 x 142 cm

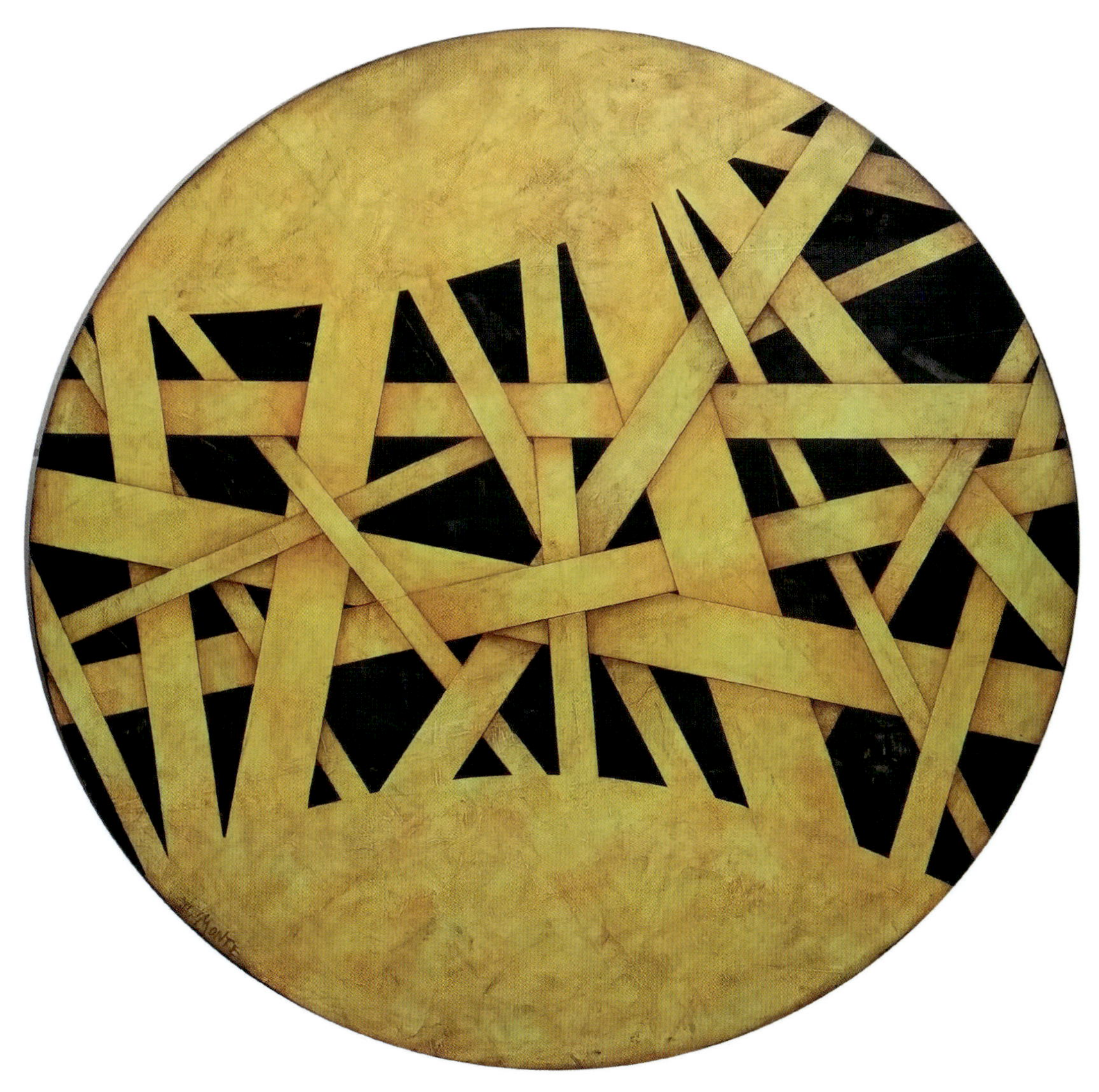

Acrílico sobre tabla
57 cm (∅)

JOSÉ ANTONIO MONTECINO

Aunque dedicado profesionalmente a la docencia, desde hace años divide su tiempo libre entre dos actividades, aparentemente distantes, como son la literatura y la pintura. En las dos últimas décadas se ha centrado fundamentalmente en la faceta pictórica, pero en el campo de la literatura ha obtenido numerosos reconocimientos, entre los que destacan el Premio Internacional de Poesía "Vicente Aleixandre", el Premio Nacional de Poesía Conrado Blanco León, el Premio Nacional de Poesía Infantil "Charo González" o el Premio Nacional de Poesía "Fray Luis de León". Además, su obra ha sido incluida en distintas antologías poéticas y libros de relatos.

En el ámbito de las artes plásticas ha obtenido diversos premios y ha participado en más de doscientas exposiciones.

PREMIOS Y DISTINCIONES

- Premio II Certamen Internacional de Pintura "Villa de Noreña". Asturias. 2023
- Accésit XXV Premio de Pintura "Francisco Carretero". Tomelloso. 2023
- Premio VII Certamen Nacional de Pintura "Ciudad de Torrejón". Madrid. 2022
- Accésit XV Premio de Pintura del "Ateneo de Cáceres". Cáceres. 2022
- Medalla de Honor XXIV Certamen Nacional de Pintura 'Ciudad de Calahorra". 2020
- Mención de Honor en el Premio de Pintura Rafael Zabaleta. Quesada, Jaén. 2019
- Primer premio XX Certamen de Pintura Frida Kahlo. Rivas Vaciamadrid. Madrid. 2017
- Primer premio XXV Certamen de Pintura "Antonio Arnau".Quintanar de la Orden. 2016
- LXXIV Premio Centelles de Pintura. Centelles, Barcelona. 2016
- Mención de Honor en VI Premio de Pintura "Ramón Portillo". Motril. Granada. 2015
- Premio de Pintura Fundación "José Cardín Fernández". Asturias. 2013
- Tercer Premio XXI Premio "López Villaseñor de Artes Plásticas". Ciudad Real. 2012
- Ganador del Concurso de Ideas para la realización del Monumento al Peregrino en el Camino Mozárabe Sanabrés. Rionegro del Puente. Zamora. 2012
- Premio ACOR de Pintura. Valladolid. 2012
- XXII Concurso de Carteles de Arriondas. Asturias. 2012
- Premio Adquisición VIII Premio de Pintura "Virgen de las Viñas". Tomelloso. 2009
- Medalla de oro "George Eastman" Premio de Fotografía sobre España e Hispanoamérica. Zamora. 2001
- Primer Premio en el Certamen de Pintura "Diego de Losada". Zamora. 1999 y 2007
- Accésit en el V Premio de Pintura "Fundación Gaceta". Salamanca. 2000
- "Certamen Nacional de Fotografía Artística Semana Santa de Zamora". 1996
- Primer Premio Internacional de Fotografía "Fundación Valer". Zamora. 1995
- Accésit X Concurso de Pintura Caja de Burgos. 1994

ÚLTIMAS EXPOSICIONES

- Sala de exposiciones "La Salina". Salamanca. 2025
- Premio de Pintura "El Primero de Fariña". Toro, Zamora. 2025
- IX Certamen Internacional de Pintura "Manuel Ángeles Ortiz" Jaén. 2025
- XXIX Certamen Nacional de Pintura "Ciudad de Daimiel". Ciudad Real. 2024
- XXXVIII Premio Jaén de Pintura "Emilio Ollero". Jaén. 2024
- VIII Certamen Nacional de Pintura "Ciudad de Torrejón de Ardoz". Madrid. 2024
- XL Certamen de Pintura "Celso Lagar". Ciudad Rodrigo, Salamanca. 2024
- Exposición "Miradas Convergentes" Ayuntamiento de Tres Cantos. Madrid. 2024
- XXIII Concurso Nacional de Pintura "Villa de Sotillo". Ávila. 2024
- XLVIII Certamen de Pintura "Villa de Pego". Pego, Alicante. 2024
- VII Certamen Nacional de Pintura "Pedro Bueno". Córdoba. 2024
- XXXIV Certamen de Pintura y Escultura "Ciudad de Álora". Málaga. 2024
- VIII Certamen Internacional de Pintura "Manuel Ángeles Ortiz" Jaén. 2024
- I Certamen Nacional de Pintura Omorfia "Ciudad de Cádiz". Cádiz. 2024
- XIX Certamen de Pintura Contemporánea "Casimiro Baragaña". Asturias. 2023
- Feria de Arte Contemporáneo ESTAMPA. Madrid (IFEMA). 2023
- III Certamen de Pintura Real Club Mediterráneo. Málaga. 2023
- XXXIX Certamen de Pintura "Celso Lagar". Ciudad Rodrigo, Salamanca. 2023
- XXV Certamen de Pintura Francisco Carretero. Madrid. 2023
- II Certamen internacional Villa de Noreña. Asturias. 2023
- XLI Certamen de Pintura "Castillo de San Fernando". C.Real.2023
- XXXV Premio de Pintura "Francisco Pradilla". Zaragoza. 2023
- XXVII Certamen Nacional de Pintura "Ciudad de Calahorra". Logroño. 2023
- XLVII Certamen de Pintura "Villa de Pego". Pego, Alicante. 2023
- Galería de Arte Montsequi. Madrid. 2023
- XIV Premio de Pintura "Ateneo de Cáceres". Cáceres. 2023
- XXVIII Bienal de Pintura Eusebio Sempere. Onil, Alicante. 2023
- XXIV Certamen de Pintura Francisco Carretero. Madrid. 2022
- V Certamen de Pintura de Foios. Valencia. 2022
- 25º Aniversario Premio "Frida Kahlo" de Pintura (obras premiadas). Madrid. 2022
- Certamen de Pintura Real Club Mediterráneo. Málaga. 2022